シャネル哲学

ココ・シャネルという生き方

再生版

かけがえのない人間であるためには、

人と違っていなければならない。

COCO CHANEL

1883.8.19 - 1971.1.10

Column

PROLOGUE

序章　生き方そのものが、シャネル哲学

ガブリエル・シャネル。

ココという愛称で知られるシャネル社の創業者であり、偉大なるファッション・デザイナー。

「私はモードではなくスタイルを作り出したのです」とシャネルは言った。

辞書的な意味で言えば「モード」も「スタイル」も同義だけれど、シャネルのこの有名な言葉には「モード」は移り変わるものであり、「スタイル」は普遍的なものという強い区別がある。

自宅のクローゼットを眺めれば、シャネルの言葉が真実であることがよくわかる。

シャネルスタイルがそこにあるからだ。

シャネルブランドのバッグや服があるという意味ではない。

たとえば黒いワンピース、伸縮性のあるジャージー素材の服、ツィードのコート、マリンルック、パンタロン、イミテーションジュエリー、ショルダーバッグ、リップスティックなど、すべてシャネルが生み出したもの、という意味だ。


イギリスの作家バーナード・ショーは言った。

「二十世紀最大の女は、キュリー夫人とシャネルである。」

シャネルは「ファッション革命」だけではなく「女の生き方革命」までも成しとげた。

女のあり方を、がらりと変えてみせた。

その革命のためには十九世紀的なものをすべて葬り去る必要があった。

フランスの作家ポール・モランはそんなシャネルを「皆殺しの天使」と言った。


人は彼女のことを「マドモアゼル」と呼んだ。

六十歳になっても七十歳になっても、どんなに年齢を重ねても、そう呼んだ。

現在は「ココ」、あるいは「ココ・シャネル」と呼ばれることが多い。けれど、彼女が生きている間は、愛称の「ココ」で呼ぶことを許されている人は限られていた。本書にある「ココ」の由来を知れば、もっともだと思う。だから私も、ココとは呼べない。

モード界ではアトリエ内の女性デザイナーを「マドモアゼル」と呼ぶ習慣があった。けれど一般的に「マドモアゼル」と言った場合は、ただひとり、シャネルを意味した。それはガブリエル・シャネルをあらわす固有名詞だった。

晩年のシャネルは「シャネルのマドモアゼルはグラン・マダムより価値がある、ムッシュウに匹敵する敬称だ」というオマージュを気に入っていた。

そして生涯を通して正真正銘《しょうしんしょうめい》のマドモアゼル（未婚女性）でもあった。

一流の男たちとの華やかな交際があり、恋多き女性だった。けれど、生涯、独身だった。結婚を考えたことも何回かあった。

運命がシャネルにマドモアゼルであり続けることを強いているとしか思えない悲劇があった。そのときどきのシャネル自身の選択があった。

結果的に、独身だった。


膨大な数の服を作り、さまざまなスタイルの服を着て、世界中の注目を集めたけれど、ウエディングドレスだけは着ることがなかった。


ウエディングドレスのデザインも、一九三〇年代の数点を除けばめったにしなかった。

そして、多くのデザイナーがショーの最後をウエディングドレスで飾る慣習を蔑《さげす》み、私のショーにはそんな「見世物」は必要ない、と断言していた。

シャネルはコレクションのフィナーレをウエディングドレスで飾ったことがなかったのだ。

私は、これはシャネルの人生を象徴していると思う。

「シャネルはなぜウエディングドレスを拒んだのか」という問いをいだきながら、彼女の人生を見てゆくと、その答えがひとつではないことがわかる。その強烈な人生のいくつかのシーズンで、それぞれの答えがあり、それぞれの答えすべてが、せつなくて胸がしぼりあげられる。

それは、完全無欠の強い女、シャネルの人生の真実のひとつだ。

そう。シャネルはたしかに、強い人だった。

けれど、人にはそれを見せることが少なかったが、シャネルが心を許した何人かの男たちは、彼女の驚くほどの優しさと女らしさについて語っている。

シャネルは仕事では、完全な男社会という時代のなかで、逞《たくま》しくその実力を開花させたが、プライヴェートでは、どこまでもフェミニンだった。強さではなく弱さを楽しむのが女の喜び、という考えで、どんなに仕事に熱中していても、どんなに自由であっても、女らしさを失わずにいた。そして、いつだって愛を求めていた。

シャネルの人生を見るときに、これを忘れてはならない。

シャネルの人生を貫くキーワードは、「ウエディングドレスを拒んだこと」以外にも「怒り」「復讐」「自由」などいくつかあるけれど、もっとも重要なものとして「嫌悪《けんお》」がある、と私は考える。

シャネル本人も「私は確かな嫌悪の精神を持っている」と言っているが、これが彼女の人生の根幹にある。

彼女は「嫌い」なものを自分の人生から排除することにエネルギーを注いだ。

人間関係にもそれは見られるが、なによりシャネルの仕事がそれを雄弁に語っている。動きにくい服、思考を奪うような大きな帽子、財力を見せつけるための宝石、けばけばしい色彩のドレス、ほかにもたくさんあるが、シャネルはそれらを嫌った。そしてそれらを世の中からなくすために、さまざまなアイテムを考案した。

シャネルのクリエイションの根本にあるものは、嫌悪の精神。「嫌い」という心の叫びに忠実に生きることで、シャネルは世界的規模の「特別な人」に、時代を超越する「かけがえのない人」になったのだ。

孤児院から人生を始め、自力で「シャネル帝国」と呼ばれる一大ブランドを築きあげ、莫大な富と名声を手にしたシャネルは、驚嘆するほどのヴァイタリティで八十七歳まで生き抜いた。

死の直前まで仕事をしていた。そして、もっとも嫌いな日曜日、仕事が休みの日曜日に亡くなった。完璧すぎて息をのむほどだ。

シャネルの長い生涯、何にもっとも感銘を受けるかと問われたなら、私は「七十一歳のカムバック」と答える。

第二次大戦後、十五年間の隠遁《いんとん》生活を送ったのち、七十一歳という年齢でシャネルはモード界に返り咲いた。

絵画や音楽といった芸術ならまだしも、うつりかわりの激しいモードの世界で頂点を極めたデザイナーが、長いブランクののち、そこに戻るなんてあり得ないことだった。あり得ないことをシャネルはやってみせたのだ。

そんなシャネルの生き方は「シャネル哲学」と呼ぶにふさわしいものだと私は思う。哲学とは人生について考える学問であり、人生を愛するための叡智《えいち》を知るためのものであると私は理解しているから。

シャネル哲学。

私はファッションについてはシャネルから多くのことを学んだ。

とくにファッションにおいて重要な「エレガンス」については、二十代にふれたシャネルの思想に大きな影響を受けて、いまもそれは私のファッションの根幹をなしている。

けれど、ファッション以外となると、すこしその様子は異なる。

シャネルは自分に、そして他人にも厳しい人だった。「微妙」などという言葉は彼女の辞書にはなかった。曖昧《あいまい》さをはねつけ「好き」か「嫌い」かしかない、と言い切った。

独善的で断定的な性格で、矛盾に満ちたひとでもあった。

好き嫌いが分かれると思うし、シャネルのように生きろ、と言われたら、私は「無理です」と答える。これが正直なところ。

それに、人生にはさまざまなシーズンがあるから、疲れていて休息したいときなど、シャネル哲学をどこかにやってしまいたくなることもある。

それなのになぜ、もう三十年近くもシャネルから離れないでいるのかと考えてみれば、そこにはやはり、離れがたい強い魅力があるからだ。

シャネル哲学を、つねに自分の中心に置く必要はない、と私は思う。ただ、心の、頭の、体の片隅《かたすみ》の小さなジュエリーケースにそっとしまっておくと、思いがけないシーンで、それが鮮やかにあらわれることがある。

それは、そのときどきで、勇気、叱咤《しった》、決断、激励、自己肯定といったさまざまな色彩をもつ。そして、いつだってなんらかのきっかけ、そう、一歩を踏み出す力を与えてくれる。

どんなシーンがあるだろう。

私自身の経験から思いつくままに挙げてみる。

女でなければ、こんな屈辱は受けなかっただろう、と思ったとき。

人に嫌われることを怖れて、言いたいことが言えなかったとき。

私、女友達がほんとに少ない、とさびしくなったとき。

複数の人たちが集まる場で、その雰囲気に流されて押し黙ってしまったとき。

趣味でも仕事でも何か新しいことを始めたいと思っても、もう遅いんじゃないかと消極的になったとき。

したいことがあるのに、周囲の人から「それは難しいよ」「無理だよ」と言われて意気消沈したとき。

経済的に自立したい、と強く願ったとき。

自分の外見に欠点ばかりを見出して落ちこんだとき。

親友と喧嘩したとき。

どうしても納得できないことがあったから恋人と別れたのに、長く引きずっていたとき。

仕事と家庭の両立に悩んでいたとき。

誰からも求められていないけれどチャレンジしたいことがあって、迷ったとき。
恋愛において、惰性で関係を続けていることに気づいたとき。
お金の使い道について疑問をいだいたとき。
いったい自分はどんな人間でありたいのか、と真剣に向き合ったとき。

個人の真剣な葛藤《かっとう》には普遍性があると私は考える。
読者の方々のちいさな、けれど美しいジュエリーケースに、シャネル哲学をそっとしまっていただけたなら、私はとても嬉しい。

CHAPTER

N° 1

自分が何者なのか決意しなさい

生い立ちについての嘘

人間の生まれの違いからくる幸、不幸。
そのハンディキャップを考えるとき、出だしが不幸だったことを
私はまったく恨んでいない。

生い立ちについては、シャネルが語ることは矛盾だらけだった。彼女は必死で「過去」を隠していた。隠しておくだけでは不十分だから、嘘をついた。
たとえば、孤児院をなかったことにして、二人の叔母に厳しくしつけられたとか、父親は葡萄《ぶどう》の栽培や貿易の仕事をしているとかアメリカに渡り成功したとか、「ココ」

という愛称は父がつけてくれたとか、そんなふうに。

必死だった。必死で嘘を喋り続けた。本人もどこまでが嘘でどこまでが真実なのか、ときおり、その境界が曖昧になるほどだった。それでも悪びれない。

私は、私の人生を作り上げた。
なぜなら、私の人生が気に入らなかったからだ。

「傲慢」を育んだ少女時代

死後明らかにされた、シャネルが「気に入らなかった」人生は次の通り。

一八八三年八月十九日、ガブリエル・シャネルはフランスの田舎町ソーミュールで行商人の娘として生まれた。父親は家庭を顧みず、苦労を重ねた母親は、シャネルが十一歳のときに病死した。あとには五人の子どもが残された。シャネルは姉妹とともにオーバージーヌの修道院に預けられた。二人の弟は田舎の農場に送られた。父親は二度と姿をあらわさなかった。

オーバージーヌの修道院は孤児のための慈善施設だった。この孤児院は世の中から隔絶され、少女たちは修道女による厳格な管理下での生活を強いられた。教育もキリストの教義と裁縫のみという貧しさ。

しかし、シャネルはこの抑圧された環境に従順ではなかった。


私は反抗児だった。

そう、私はいつも、とても傲慢だった。

頭を下げたりペコペコしたり卑下したり自分の考えを押しまげたり命令に従うのは、大嫌いだった。

とにかく、人に頭を下げるのはまっぴらだった。


一方で、このような状況では当然だが、愛に飢えていた。

私は何にでもノンと言った。
それはひたすら、愛されたいという
激しい生命の欲求からほとばしり出る結果だった。

後年、「子ども時代は優しさがあふれているものだ」といった言葉を聞くとぞっとするほど、優しさとかけ離れた少女時代だった。それでも、得るものも大きかった。

厳しい教育は私の性格を形作るのに役立った。
傲慢さは、私の性格のすべての鍵ともなったかわりに独立心となり、
または非社交性ともなった。
それは同時に、私の力や成功の秘密にもなっていった。

孤児院の生活は、シャネルにたったひとつのことを、ひたすら夢見させた。それは「自由」だった。

傲慢な人間の一番嬉しいことは、自由ということだ。
ただ、自由でいるにはお金がかかる。
この牢獄の門を開くには、お金しかないと私は考えていた。
服を注文するカタログを眺めては、お金を湯水のように使う夢にひたっていた。

ふつふつと消えることなく煮えたぎる野心、将来への夢。「自由!」ということ。少女シャネルは、ひたすら願った。ひたすら夢見た。自由になりたい、自由になりたい、自由になりたい。
このような環境のなかで少女シャネルは育った。

早くから、人生とは重大なものだということが、私にはわかっていた。

夢を叶える、と決意する

苛酷な環境のなかでシャネルは「自由」を夢見た。自由を手に入れるためにお金持ちになることを夢見た。毎晩毎晩夢見た。

いつかそれを実現する、と決意していた。

そう、それは「決意」であり、いつか実現したらいいなあ、程度の生ぬるいものではなかった。そこが他の少女たちと決定的に違った。

カフカの言葉がある。

「人間は、自分のなかに破壊しがたいものが存在するということを、継続的に信じない限り、生きることはできない。」

シャネルにとっての「破壊しがたいもの」、それは「自由」への欲求だった。

傲慢な人間になる

みずから「傲慢な人間」と言うシャネルの辞書に、おそらく「謙虚」はなかった。傲慢は悪徳であり、謙虚は美徳。これが一般的な解釈だろう。けれど果たしてそうなのか。「謙虚」の裏には、ごまかしがひそんでいる場合が多い。楽な道を選ぶ姿勢、ときには逃避さえもが、ひそんでいることもある。

シャネルはごまかすことをしなかった。たとえば他人と「衝突」したとき、相手からこちらの非を責められたとき、ぎりぎりまで謝らない。ほんとうか、ほんとうに自分が間違っていたのか、と疑い続ける。そこの部分、手を抜かない。

「傲慢」でいることは、逃避やごまかしを捨て去ることだ。ときには謙虚でいるよりもずっと、自分に厳しくあることを強いられるのだ。

シャネル、デビュー前のパリ

結果的に、シャネルのデビューの舞台を整えた人物が二人いる。

ひとりは女性作家のコレット。シャネルより十歳年上の反逆児だった。『学校のクローディーヌ』『パリのクローディーヌ』で、既成の枠に収まらない女を描いた。パリにはたくさんの「クローディーヌ」たちが出現した。シャネルのデビュー前に、まったく違う分野で女たちの意識改革が少しずつはじまっていたのだ。のちにコレットとシャネルは意気投合し、親しい交友関係を築く。

もうひとりは、デザイナーのポール・ポワレ。女性をコルセットから解放し、「モード革命」を起こしたと評価されている。ポワレの妻はほっそりとしたシルエットで、のちの美の基準となった。そして、このほっそりとしたシルエットはまさにシャネルそのものであり、ポワレ夫妻は意図せずしてシャネルがデビューしやすい環境作りをしたともいえる。のちにシャネルが勢いを増すと、シャネル批判をして態勢逆転を狙うが叶わず、モード界から姿を消した。

ポール・ポワレがデザインしたドレス。

CHAPTER

N° 2

自分の実力は自分で決めなさい

自立への野心から生まれた「ココ」

一九〇一年、十八歳。

シャネルはムーランの修道院の寄宿学校に送られる。ここは一種のフィニッシング・スクール（未婚の若い女性に教養やマナー、家事などを教える学校）で、先に姉のジュリアがいて、のちに妹のアントワネットが加わった。

この学校には学費を払っている家庭の子とシャネルのような孤児がいた。両者の差別はあからさまだった。食事の席も分けられ、孤児たちは学費代わりに家事労働をしなければならなかった。自分は低い身分であるということを思い知らされる日々。シャネルはひどい屈辱を味わった。

しかし、良いこともあった。

ムーランには叔母のアドリエンヌがいた。叔母とはいっても、年齢は二歳しか違わなかった。アドリエンヌは穏やかな性格でシャネルとはまるで違うタイプだったがふたりは気が合った。

シャネルは孤児となった自分たちを見捨てた親戚を恨んで関係を絶ったが、アドリエンヌだけには心を開いた。

寄宿学校を出たシャネルはアドリエンヌが働いていた洋裁店でお針子としての仕事をはじめる。

ムーラン周辺には競馬場もあり、騎兵隊の宿舎もあり、街は賑《にぎ》わっていた。

カフェ・コンセールもあった。カフェ・コンセールとは酒場と小さな劇場がミックスされたようなところで、気軽な社交場だった。

シャネルとアドリエンヌはムーランのカフェ・コンセールで歌手として採用された。

歌手とはいってもスターではなくポーズ嬢で、スターたちが舞台で入れ替わる幕間に歌を歌った。

ポーズ嬢シャネルの持ち歌のひとつが「コ・コ・リ・コ（こけこっこう）」で、もうひとつが「トロカデロでココを見たのは誰？」（かわいそうなココ、大好きな犬のココを見失ってしまった。トロカデロで。後悔してもしきれない……という内容の歌）。


舞台のシャネルに観客は「ココ、ココ」と喝采をおくった。やがて「ココ」がシャネルの愛称になった。

「ココ・シャネル」はここから生まれた。

自分の過去は自分で作る、と決めたシャネルは長い間「父親がつけてくれた愛称」だと言っていた。

「ココ」は隠したい過去を思い出させる愛称だった。

だからビジネスの戦略として積極的に使ったものの、親しくない人から「ココ」と呼ばれるのをひどく嫌ったのだ。

若き日、髪を切る前のシャネル。おそらく20歳前後。

当時、貧しい女が独立しようと思ったら女優か歌手になる以外にほとんど手がかりはなかった。だからシャネルはムーランでとりあえずの成功を手にした、といえた。平凡な女だったらここで満足したことだろう。しかし、シャネルは違った。ムーランはしょせん田舎町。もっと上を目指さなければ。

そこで、ヴィシーに出ることにした。ヴィシーは美しい保養地であり、裕福な人々が集まる所だった。ムーランよりもずっと立派なカフェ・コンセールもあった。シャネルはシャンソン歌手になる夢を抱いていた。そして初めての愛人を持った。

最初の愛人から得たもの

エチエンヌ・バルサンと出逢ったのは、一九〇四年、二十一歳のころ。彼はムーランのアイドル「ココ・シャネル」の取り巻きのひとりで、貴族出身ではないものの大ブルジョワ階級で裕福だった。

歌手になりたいというシャネルに、バルサンは反対した。なぜなら、それほど才能があるとは思えなかったからだ。シャネルがアイドルになれたのは独特の個性があったからで、歌が上手だからではない。バルサンはそのことをシャネルに告げた。それでもシャネルは言った。「ヴィシーで実力を試したいの」。バルサンはその熱意に負け、シャネルを経済的に援助することにした。

仲良しの叔母アドリエンヌが一緒にヴィシーへ行った。けれどやはり現実は厳しかった。何度もオーディションを受けるが、結果は惨憺《さんたん》たるものだった。

そのころバルサンは遺産を相続し、コンピエーヌの森近くのロワイヤリュに広い土地を購入していた。パリでは「理想の花婿候補」として大人気だった。どちらから誘ったのか、歌手への道をいったん諦めたシャネルは、バルサンについてロワイヤリュで生活をはじめた。

シャネルは二十二歳だったが、小柄でやせていたので十代にしか見えなかった。ロワイヤリュで初めて、シャネルは贅沢な生活がどういうものかを知った。食べるために働かなくてもよい生活。厳しい戒律のない生活。昼まで寝ていても何も言われない生活。安楽な生活。

すぐに退屈した。そして周囲を見渡して強烈な反発を抱いた。男の機嫌で自分の生活が左右されるココット（娼婦）たち。そして裕福な家に生まれついたというだけで大きな顔をし、くだらないおしゃべりで一日をつぶす女たち。

そんな女たちは、コルセットでぎゅうぎゅうに身体をしぼりあげて、ずるずると裾を引きずりながら、よちよち歩いていた。頭に大きな帽子を載せて。

あのころ、競馬場にやってくる女たちは、その頭に巨大な帽子を載せ、羽飾り、果物などをくっつけていた。

なにより私が嫌だったのは、その帽子は頭にちゃんと入らないということだった。

シャネルは強く思った。「嫌だ、あんな女たちと一緒にされたくない」。そしてこの思いがシャネルの服装を独特で風変わりなものとした。たとえばシャネルは乗馬を熱心に習ったが、この乗馬服が変わっていた。

当時の女たちは乗馬のときもスカートだったので、横座りでしか乗れなかった。シャネルはそれを拒否し、まず乗馬ズボンを作らせた。それに合わせて飾りのない上着、小さな蝶ネクタイも注文した。バルサンの服を仕立て直して自分用にすることもあった。バルサンの服を借りて着こなすこともあった。

シャネルにはこのころから「恋人の服を借りて着る」という趣味があったのだ。

そして、それらに合わせて小さな帽子を作った。テーラードカラーのスーツに水玉模様のリボンを巻いたカンカン帽を合わせることもあった。

そんなシャネルはとても目立った。新鮮だった。シンプルだった。そして、とてもシックだった。

たちまち、バルサンのところにやってくる女友達の注目の的となった。彼女たちは特に、シャネルの作った小さな帽子を好んだ。そして次々に注文し、競ってシックな帽子をかぶった。

最初の帽子店の誕生

ある日、シャネルはバルサンに言った。「帽子店を開きたいの」。バルサンはシャネルが暇つぶしのために言い出したのだと思ったが、それもいいじゃないかと考えた。そこで、パリにあるアパルトマンの一室をシャネルに提供した。

一九〇九年、二十六歳。

シャネルはパリ・マルゼルブ大通り一六〇番地に帽子店を開いた。

のちに、「シャネルが初めて帽子店を開いた場所」として有名になるとは、二人とも思いもしなかった。

パリ、憧れのパリ。けれど田舎娘にとって、そこは恐ろしいところでもあった。

誰も知らないし、いわゆる社交界のニュアンスも、名家の略歴、スキャンダル、冗談もどこに書いてあるというわけでもない。

そのくせ、みんなが知っていることであり、そして、それこそが得体の知れないパリそのものだったのだろうが、例の傲慢さのせいで人に聞くこともできないし……。

だから、表面上は何も怖れていないような顔をして、「みんなが知っていること」を知ろうとした。必死だった。

とにかく私は田舎の小娘だと思われたくなかった。
自分をちゃんと真面目にとってもらうために嘘もついた。
小説のヒロインのように自分を作り上げた。

自分の実力は自分で確かめる

シャネルには「他の人に言われたのでは納得しない」「自分でそれを確かめないと納得しない」性質があった。

だから周囲の反対に耳を貸さずに歌手としての実力を試した。結果的にそれは失敗に終わった。けれど、その挑戦が、次なる道を開いた。

シャネルはつねに「私はここで終わる女ではない」と思っていた、そういうひとだった。歌手への夢を諦めてからバルサンについて行った行動にはもちろん女の計算があるだろう。

けれどそれよりも重要なのは、「これ以上は発展がない居場所に安穏《あんのん》にとどまる」ことを拒否した「現状を変える行動力」だ。その先に何があるのかわからない。バルサンが自分に何を与えてくれるのかもまったくわからない。それでもシャネルは旅立った。

この「未知の世界に飛び出す勇気」が、次なる世界への扉を開けてゆく。

そして帽子店。自分の作った帽子が評判が良いとなれば、次に「この実力をより広い世界で確かめたい」と思う。思うだけでなく、それを実現させるべく行動する。実力を自分で確かめたい、という一念だ。これが次につなげてゆく。

「私は違う」と信じ続ける

バルサンのもとで何をしたかといえば「そのへんのくだらない女たちと一緒にされたくない」と強く思い続けることだった。娼婦たち、上流階級の娘たち……。「自立」なんて言葉が辞書にない女たち、「不自由」な女たち。彼女たちと一緒にならないためにシャネルがしたことは、彼女たちとの差別化、つまり独自の服装をすることだった。他の人と自分をくっきり区別することからシャネルのキャリアははじまったのだ。

CHAPTER

N° 3

女の才能を伸ばす男を選びなさい

「唯一愛した男」カペルとの出逢い

帽子店をはじめた一九〇九年、シャネル二十六歳の年には、もうひとつ重大な出来事があった。

シャネルはひとりのイギリス人と出逢った。

彼は他の男たちとは違っていた。魅力あふれる美しい男だった。

いや、美しいというよりすばらしい人で、その無造作な態度、緑の瞳に感動した。

乗馬にもたけていた。

私はこの人に恋してしまった。

この男の名はアーサー・カペル。バルサンの友人だった。裕福なイギリス人でフランス語を流暢《りゅうちょう》に話し、ポロの名手であり教養もあった。

シャネルよりも二歳年上で、裕福であるにもかかわらず、相続した財産を消費するよりも仕事への情熱にあふれていた。

ただ、彼にも劣等感があった。それは家柄だ。父親の石炭事業の成功で裕福ではあったが、カペル家は名家ではなかった。

アーサー・カペルには野心があった。より高い社会的地位への野心だった。

シャネルとカペルは惹かれ合った。

カペルにとってシャネルはいままでに出逢ったことのない女性だった。なにより彼女の自然さと辛辣さが好きだった。

シャネルをめぐってバルサンとの間で何も起こらなかったわけではないが、大騒ぎするようなことにはならなかった。バルサンにはシャネルの他にも愛人がいたし、それにシャネルはバルサンのことを、カペルのように愛したことはなかった。
シャネルとバルサンとの間には友情が残った。

二人とも私のことを、よるべのない哀れなスズメだと思っていた。
実は猛獣だったのに。

シャネルの仕事は順調だった。流行に敏感な上流階級の女たちが常連となった。仕事への意欲は増すばかりだった。

しかし、バルサンが与えてくれたアパルトマンは閑静な住宅街にあり、店の立地としては不十分だった。もっと条件の良いところに移り、本格的に仕事に取り組みたかった。

シャネルの願いをカペルは受けとめた。彼はシャネルの才能を高く評価していた。
カペルとシャネル。ふたりは「仕事に関する情熱」でも似ていた。

彼は私の人生にとって大チャンスだった。
私の意欲にけっして水をさしたりしない人と出逢ったのだ。

カペルの出資により、カンボン通り二一番地に「シャネル・モード」という帽子店が誕生した。ホテル・リッツの裏側にあたる場所だった。ヴァンドーム広場に面したリッツの正面から入って廊下をつき抜けてゆけば、そこはカンボン通り。はす向かいがシャネル・モード。立地条件は最高だった。

一九一〇年末、シャネル二十七歳。成功の予感と恋でいっぱいの日々だった。

私の主人は私

けれど、まだ世間知らずだった。
ある夜、食事に出かける道すがらカペルがシャネルに言った。銀行から電話があり、シャネルが少し小切手を切りすぎるというのだった。

「大したことじゃないよ」とカペルは笑ったが、シャネルにとってはショックだった。仕事は順調だったから自分ひとりでなんでもしている気になっていた。けれど違ったのだ。カペルが保証人になっているから銀行は自分にお金を渡すのだ。だから銀行はカペルに電話をするのだ。そのことに今ようやく気づくなんて……。シャネルはカペルを見上げて言った。「それじゃあ、私は、あなた次第というわけなの？」

男の世話になっているうちは自由ではない。シャネルにはこの時代の女性としては奇跡的ともいえる誇り高さがあった。

別のあるとき、カペルが尋ねた。「僕をほんとうに愛している？」

シャネルは答えた。

それは私が独立できたときに答える。
あなたの援助が必要でなくなったとき、私があなたを愛しているかどうかわかると思うから。

数年後、シャネルがカペルに全額返済したとき、カペルは言った。

「おもちゃを与えたつもりだったのに、自由を与えてしまったのだね」

そんなあるとき、バルサンに会った。彼は皮肉な調子で言った。

「君は働いているらしいね。カペルは君を養うこともできないのかね」

シャネルは満面の笑みを浮かべた。


私は誰のものでもないのよ、と言える喜びはすばらしい。

私の主人は私で、もう、誰も必要とせず頼ってもいなかった。


カンボン通りに店を構えてからの五〜六年間（二十代後半〜三十代前半）は、シャネルの人生の蜜月だった。この時代のシャネルはカペルによって無邪気なまでに全身で幸福を享受していた。

二人の幸福な日々が過ぎていった。
夜の外出はほとんどしなかった。
カペルを喜ばせるために、夜はそれなりのお洒落をしたものの、
いつも結局はここのほうがいいよ、外へ行く必要なんてないよ、
というカペルのひと言ですべてが決まるのもわかっていた。

とろけるような季節。しかし、外出をしない理由は他にもあった。パリの社交界は、「愛人を持つ男」には寛大でも「愛人」に対しては不寛容だったのだ。

カペルは、この部屋のなかでの私を愛していた。
そして私はハーレムの女のように、この世捨て人のような暮らしを
受け入れていた。

結婚をしていない二人が公の席に連れ立ってあらわれることは許されなかった。

私は彼に運命づけられていた。
私たち二人はそれぞれお互いのために生まれたようなものだった。

けれど、いくら愛してはいても、そしてそれを強く望んではいても、結婚を仄《ほの》めかすことなどできなかった。
おなかの底から強烈に望んでいたのはカペルと結婚することだった。その結婚により、幸福と社会からの尊敬と財産が手に入ることは、わかりすぎるほどにわかっていた。シャネルは愛する男からの贈り物を待っていた。

男がほんとうに女に贈り物をしたいと思ったら結婚するものだ。

世界大戦を味方につけるセンス

幸福な二年が過ぎた。その夏、シャネルはカペルとヴァカンスへ出かけた。行き先はドーヴィル、このリゾート地にカペルの別荘があった。

ドーヴィルには裕福な人たちが集まっていた。実業家のカペルがこの地に店を出すようシャネルに勧めた。パリの店では帽子のみだったが、ドーヴィルでは帽子に加えてスカートやシャツなどを並べた。

シャネルは帽子と同様、自分が好きな服、自分が着たい服を作った。結果、彼女が店に並べたのはすべてゆったりとしたライン、身体を締めつけず動きやすい服だった。

仲良しの叔母アドリエンヌが店を手伝った。彼女はシャネルの作った服を着て、街を、海岸を歩き回った。これが良い宣伝になった。やがて妹のアントワネットも加わり店は繁盛した。

一九一四年、三十一歳。

第一次世界大戦勃発。シャネルにとっては大きなチャンスだった。

チャンス、それはひとつの生き方。
チャンス、それは私の魂。

富める者も貧しい者も生活の変化を強いられた。男たちは戦場へ出かけ、残された女たちも忙しくなったから身体を動かしやすい服が求められた。腕をあげられる服、早く歩ける服、つまり実用的な服。そう、まさにシャネルの店で売っているような服だ。

戦争のおかげ。
人は非常事態のなかで才能を表すものだ。

パリからやってきた上流階級の女たちも機能性のある服を要求した。シャネルは彼女たちの要求、時代の要求に応えてゆく。

シンプルで着心地が良く、無駄がない。

私はこの三つのことを自然に、新しい服装に取り入れていた。

「シンプルで着心地が良く、無駄がない」。これはシャネルの永遠の基本だ。

世界大戦下で布地が不足していた。そこでジャージーに着目した。シャネル自身は伸縮性に富むこの布地で作った服をすでに着ていたが、初めて商品化したのだ。安くて丈夫で機能性のある布で作った動きやすい服は、飛ぶように売れた。

ジャージーを使うことで、私はまず、締めつけられた肉体を解放した。

この成功に後押しされて、今度はスペイン国境に程近いリゾート地ビアリッツに出店、こちらも繁盛する。

シンプルで着心地の良いシャネルの服は、女たちを若々しくした。

一九一六年、シャネルが作ったジャージー素材のドレスが、いち早く『ハーパーズ・バザー』誌に掲載された。翌年には同誌が、

「シャネルを一着も持っていない女性は、取り返しがつかないほど流行遅れ」

「今シーズン、シャネルの名前はすべてのバイヤーの唇にのった」

と書き、他のモード誌もこれに続いた。

上流階級の女たち、女優たちがシャネルの店に殺到した。


ひとつのモードは終わりを告げ、次のモードが生まれようとしていた、そのポイントに私はいた。

チャンスが舞い降りてきて、それをつかんだ。

新しい世紀の児《こ》である私は、新しい世紀を、服装で表現しようとしたのだ。

経済的援助と愛をごちゃまぜにしない

「あなたの援助が必要でなくなったとき、私があなたを愛しているかどうかわかる。」

このシャネルの言葉を前にしたら、結婚相手の条件に年収などを言う女性が汚れて見える。

シャネルはカペルを強く愛していたのに、それでもそのなかに「経済的援助を受けているから」という理由が隠れていないか、自分を疑ったのだ。

意欲のベクトルをどこに向けるかが問題

充分な財産、教養、社会的地位、そして誰よりもシャネルの才能を開花させたいと願っていた男、それがカペルだった。

これは現在に照らし合わせても、これ以上の男はいないといえるほどの最高のパートナーだ。しかも、シャネルを愛していた。そんな男に出逢えたシャネルは幸運だった。それは確かだ。けれど「幸運」なだけではない。

シャネルは、その時代の他のどんな女性とも似ていなかった、ユニークだった。それが当時としてはユニークな男、カペルを惹きつけた。

シャネルはカペルとの出逢いを「人生の大チャンス」だったと言っているが、これは珍しく謙虚な言葉だと思う。

カペルのような男を惹きつけたのは、シャネルの人生に対する意欲だったのだから。意欲のベクトルがカペルのそれと一致していた。だから二人は出逢えたのだ。

それにしても、考えずにはいられない。カペルとの蜜月時代、カペルがシャネルにプロポーズしたならば、後年、コレクションの最後をウエディングドレスで飾っただろうか、と。

ジャージー

ジャージーは馬の調教師のセーターからインスピレーションを得た。

ジャージーは主に男性の下着などに用いられていたが、それを女性の日常着に取り入れたのだ。

それまで誰も思いつかないことだった。

以後シャネルは「ジャージーの独裁者」と呼ばれ、ウールジャージーだけでなくシルクジャージーも扱うようになり、やがて他のデザイナーも使用するようになる。

ジャージーの上下を着たシャネル。

CHAPTER

N° 4

髪を切りなさい

ショートカットのシャネル

一九一七年、三十四歳。

シャネルは髪をばっさりと切った。髪を切ったのはシャネルが初めてではない。時代の先端にいる女たちは髪を切っていて、シャネルはそのひとりだったが、目立った。切った理由を聞かれるとシャネルはそっけなく答えた。「うるさいからよ」。

時代とともに、美の基準も変化しつつはあったが、それでもまだ前世紀の名残りはあった。前世紀にもてはやされた豊満な美からはシャネルはほど遠かった。娘時代、このことが気にならなかったはずがない。

しかし、髪を切ってその名残りとも手を切った。

もともとやせてすらりとしていたところに髪が短くなって長い首が際立った。ボーイッシュな洗練された女が、生まれた。

欠点は魅力のひとつになるのに、みんな隠すことばかり考える。
欠点をうまく使いこなせばいい。
これさえうまくゆけば、なんだって可能になる。

飾りのない小さな帽子にショートヘア、シンプルなラインのジャージー素材の服。これがもっともシックなスタイルとなった。シャネルは「お手本」だった。シャネルを見たくて、女たちはシャネルの店に出かけた。

晩年のテレビインタビューで次のようなやりとりがある。「髪を短くして、革命を起こしましたね」と切り出したインタビュアーを、シャネルがさえぎる。

私は自分の髪を切っただけ。

それを見た人が髪を切り出した。

それだけのこと。

でも私が変わったことによって、スタイルが生まれた。

「唯一愛した男」の結婚

仕事は順調すぎるほどに順調で、最愛の男カペルへの借金も完済できた。

けれどふたりの間の色彩が少しずつ変わっていった。カペルに何かが起こっていた。

カペルは、シャネル以外の女性に恋をしていた。ダイアナという名の、イギリスの男爵家の令嬢だった。シャネルとはまったく違ったタイプ。周囲の人たちから「物静かで優しくとても女らしい」と言われるような人だった。

第一次世界大戦を味方につけたシャネルは、ますます仕事へ没頭していた。

そしてカペルは戦争を経験したことで、自分のなかに変化が起こったことを認めていた。ダイアナの存在もあった。きちんとした家庭を持ちたいと考えるようになっていたのだ。

とはいえ、シャネルは魅力的だ。

カペルはシャネルとダイアナとの間を揺れ動く。

そして一九一八年の春にカペルは決断を下す。

ダイアナと結婚することをシャネルに伝えたのだ。

カペルから「結婚するつもりだ」と告げられたとき、シャネルは静かにうなずいた。

カペルが結婚相手に選んだのは男爵家の令嬢。孤児院育ちの自分とは違う、生まれた瞬間から人生の切り札を全て持っている女。カペルの心変わりはもちろん、選んだ相手の身分もシャネルには大きな打撃だった。

シャネルは「新しい時代の男、カペル」との結婚を望んでいた。

カペルの変化、うすうす感じていたこととはいえ、カペルの告白はシャネルを打ちのめした。

シャネルはパリ郊外に別荘を借りた。幾人もの愛人を作り、淋しさをまぎらわそうと努力した。

シャネルはカペルへの幻滅、希望の消滅を態度にはあらわさなかった。けれど、幼いころからずっと抱き続けていた願望が、カペルの婚約によってさらに強まった。

「自由になりたい。世間、男、評価、出生、恋愛、そういったすべてのものから自由になりたい」

この願望を満たすためには仕事しかなかった。以後、シャネルはすべてのエネルギーを仕事に注いでゆく。いわゆる「仕事に生きた女、シャネル」が本当の意味で生まれたのは、このとき、つまりカペルが他の女との結婚をシャネルに告げたときだったかもしれない。

やがて戦争が終わり、カペルは正式に結婚した。

一九一九年、三十六歳。

シャネルはパリのカンボン通り三一番地、現在のシャネル本店がある場所に店を移した。

「仕事＝人生」

カペルは結婚生活が落ち着くと、今度は失ったものがまばゆいほどに輝いて見えたのか、シャネルを狂おしく求めた。シャネルはこの変化に戸惑った。

普通の女ならば、ここは喜ぶ場面かもしれなかった。けれどシャネルは違った。通常の日陰の愛人たちとは違って、自立した女としてのプライドがあった。それに、もはや愛していない、というわけではないが、以前のようなときめきも少なくなってきていた。

もちろん、恋のときめきというものは長くは続かないものだ。だから、その後は穏やかな情愛で関係を続けてゆけばいい。けれど相手が他の女性と結婚している場合は複雑だ。シャネルは感情をうまく処理できないでいた。

とはいえ、カペルはシャネルにとって完璧な男だったし、何より二人は「仕事」というものに対して、奇跡的なほどに意見が一致していた。

仕事には、お金よりもずっと強い味わいがある。

これはカペルも同じで、二人にとって「仕事＝人生」だった。「仕事」、そして「成功する」ということ。これらに対する強い欲望が二人を強く結びつけていた。カペルの結婚によってすきま風は吹いたにせよ、二人が切れなかったのはこの一致があったからだろう。カペルは、そしてシャネルも、「ともに仕事で成功する」夢から離れたことはなかった。

そして、なによりカペルはシャネルにとって、父であり兄であり家族の全員の役をすべて引き受けてくれた、肉親以上の存在だった。だから、その年のクリスマス前の悲報はシャネルを打ちのめした。

「唯一愛した男」の死

一九一九年、シャネル三十六歳の十二月のおわり。パリでシャネルと過ごしたのち、カペルは自動車でカンヌに向かった。カンヌで妻と待ち合わせをしていた。

このカンヌ行きについては、「パリを離れることでシャネルとの過熱した関係にピリオドを打とうとしたのだ」という人と、「妻とは事実上別居していた。シャネルと結婚するために、妻と別れ話をしに行ったのだ」という人がいる。真相はわからない。

カンヌで自動車事故を起こして、カペルは死んだ。

パリでその報せを受けた友人のひとり、ラボルド伯爵がシャネルの家に向かった。真夜中にシャネルの家に着いたラボルドは使用人にシャネルを起こすよう伝えた。

シャネルは白いサテンのパジャマ姿で、短い髪を乱し、まるで青年のようなシルエットで階段を降りてきた。ラボルドはそのとき初めて感情を隠せないシャネルを見た。シャネルは無言で顔をゆがめていた。けれど涙は一滴もこぼさなかった。

「いちばんかわいそうだったのは、あの人が涙を流さないで泣いていたことです」とラボルドは言っている。

シャネルとラボルドはただちに旅立った。カンヌに向けて車を十八時間、ノンストップで走らせた。けれど、入棺には間に合わなかった。もうカペルには逢えない。これを知らされたときもシャネルは耐えた。その翌日、シャネルは埋葬にも葬式にも立ち会わなかった。彼女はひとりで事故の現場に行った。ラボルドの同伴も拒否した。シャネルのそのときの姿を伝えるのは車の運転手だ。

カペルの車は半焼けになって回収不能のまま道路端に片づけられていた。シャネルは車体に手を置きながら、その周囲をぐるりとまわった。それから縁石に腰を下ろして道に背を向けて、頭を下げて、激しく泣いた。運転手は言う。「恐ろしく激しく、数時間も」泣いていました、と。

ひどいショックだった。カペルを失って、私は何もかも失った。

カペル亡き後の生活は幸福ではなかった。

インド哲学に魅せられていたカペルは来世を信じていた。
シャネルもそこにすがった。

なにひとつ死にはしない。
砂粒ひとつだって。
だからなにひとつ失われるわけではない。

欠点を強調して個性とする

欠点についてシャネルは「なぜみんな隠すことばかり考えるのか」と言っている。世界大戦があり、ちょうど時代が変わろうとしていたとはいえ、シャネルはそれまでの美の基準からしてみれば、高得点ではなかった。やせぎすでひょろりとしていて、つまりボーイッシュだった。髪を切ることで、それは強調された。そうしたら、それが魅力的なひとつのスタイルとなった。

周囲に同じような人がいなくても、いや、いないからこそ、シャネルは自分の個性を際立たせた。結果、人々が彼女を「お手本」とするようになったのだ。

髪を切った理由

髪を切った理由について、シャネル本人は「うるさいからよ」と言ったが、もっと重要な意味があったのではないか。名家の娘との婚約をカペルから「はっきりと告げられた時期」と「髪を切った時期」は、おそらく髪を切った方が先だった。けれど、ずれていたとしても一年前後。シャネルがカペルの気持ちの変化、心の揺れを察知していた可能性は充分に考えられる。

だからシャネルにとって髪を切ることは、重大な決意を意味していたのではないか。ハサミを手にして、髪の束をつかみ、ばっさりと切る。床に髪の束が次々と落ちてゆく。それはおそらく「男に頼らないと生きてゆけない女」との決別の儀式だった。

シャネルが髪を切った五年後の一九二二年、『ギャルソンヌ』という小説がベストセラーとなった。ここで描かれていたのは、自由に恋をし、自分の意志で結婚相手を選び、幻滅すると離婚し、仕事で自立するという女。「ギャルソンヌ」とは「ボーイッシュな女」という意味でもちろんショートヘアだった。あらゆる意味でシャネルは「ギャルソンヌ」そのものだった。

カメリア

白いカメリア（椿）はシャネルブランドのシンボル。

「花束は嫌い。カメリアが一輪あれば充分」とシャネルは言っている。

なぜカメリアなのか。アーサー・カペルからプレゼントされた花で、その思い出が強烈だからという説もあるが、明確なことはわからない。

ただ、アレクサンドル・デュマの小説『椿姫』がシャネルは好きだった。ヒロインは高級娼婦であり、月の二十五日間は白い椿、残り五日は赤い椿を身につけ、それは情事の可否のサインだったため、人々から『椿姫』と呼ばれた。純真な彼女の悲恋、悲劇が描かれている。

カメリアには匂いがないため、香水と喧嘩しないという利点もあった。そして、匂いがないから枯れるときにも腐敗臭がしないし、枯れゆく姿も、首のところからポトリと落ちる。そんな潔さもシャネルの好みだったのかもしれない。一九二二年ころからシャネルのコレクションに刺繍やボタンのデザインとして使われはじめた。

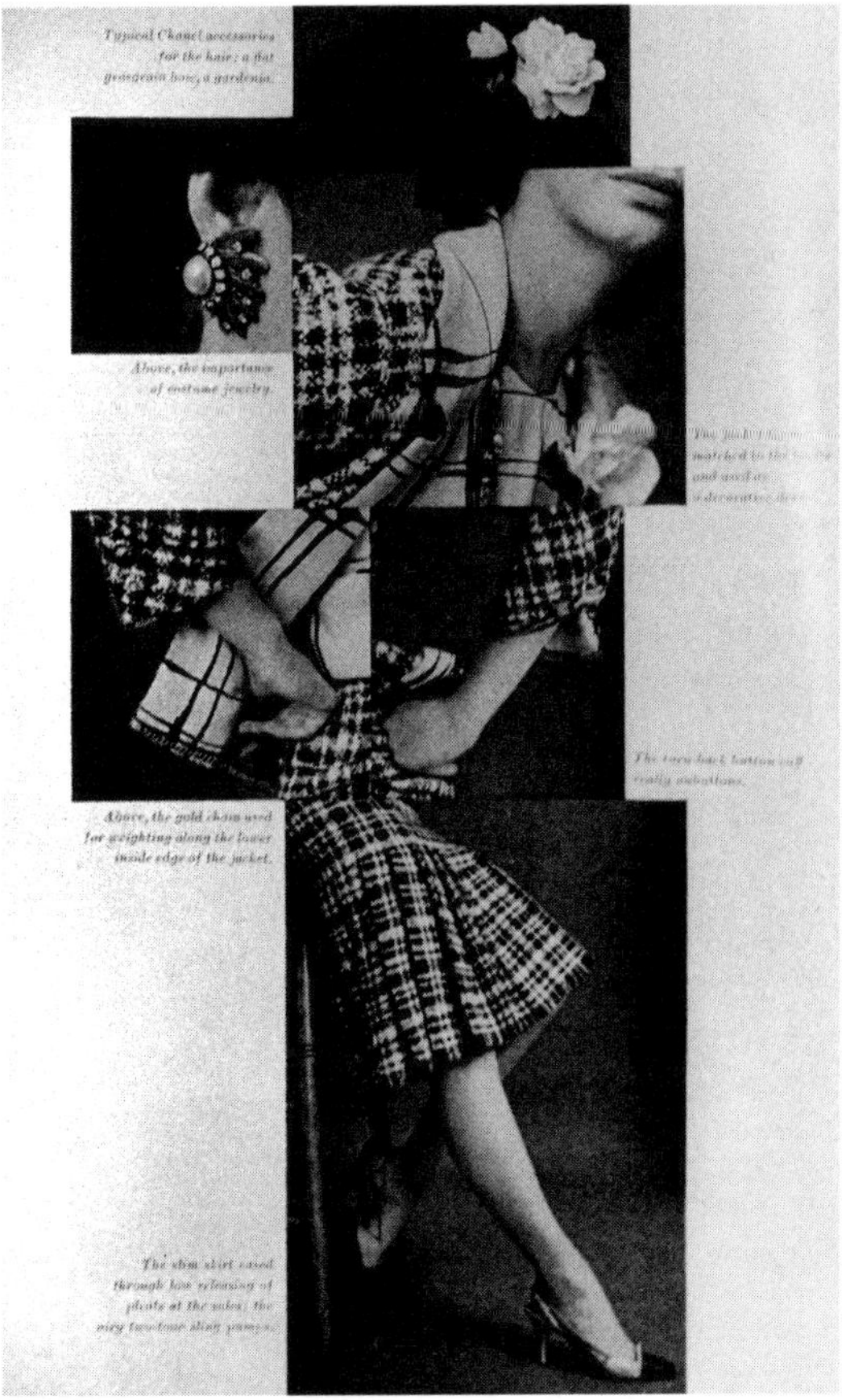
Typical Chanel accessories for the hair: a flat grosgrain bow, a gardenia.
Above, the importance of costume jewelry.
Above, the gold chain used for weighting along the lower inside edge of the jacket.

一九三〇年代のシャネルのファッション、フォト・モンタージュ。カメリアが印象的に使われている。

CHAPTER

Nº 5

女友達と喧嘩しなさい

唯一の、そして決定的な女友達

カペルの死のショック状態からシャネルを救ったのは、ミシア・セールだった。

セール夫妻がいなかったら、私は愚かなまま死んでいただろう。

一九二〇年、三十七歳。セール夫妻とのイタリア旅行が立ち直るきっかけとなった。ミシアと出会ったことは、シャネルの人生にとって重要だった。

ミシアはシャネルをパリのアヴァンギャルド（前衛）芸術の世界へ招き入れた。そこでシャネルはコクトーやピカソ、ディアギレフなど、時代の寵児たちと華やかな交友関係を築いた。

また、ミシアはシャネル・モードの最高のモデルでもあった。シャネルが作った服を着てあちらこちらへ出かけ、シャネル・モードの芳香をパリの社交界にふりまいた。

ミシアは強烈な女性で、だからこそ個性の強い芸術家たちを惹きつけたのだが、その性格については不実、残酷、狡猾《こうかつ》……散々な言われようをしている。そして強烈な女性だからこそ、シャネルとの強い関係が築けたのだが、それは「穏やかな女同士の友情」とは、ほど遠かった。

たとえば、シャネルの言い分だが、画家のヴュイヤールは初めはミシアを愛していたが、のちにひどく嫌うようになった。その彼がシャネルの肖像画を描きたがっているのを知ると、ミシアは彼と仲直りしてシャネルの肖像画を描かせまいとした。

またピカソに対しても、ピカソとシャネルの間を気まずくするようなことをしておいて「彼からあなたを救ってあげたのよ」、などと言う。「いったいどんな権利があってそんなことをするの」とシャネルは怒り、喧嘩がはじまる。

一事が万事、こんな調子だった。

ミシアは私を愛していると心から思い込んでいたが、私に会うと幸福ではなく、そのくせ会わずにはいられないのだ。

なのに離れられない。

誰とも似ていないから彼女が好きだった

たびたび喧嘩した。陰で悪口を言った。それでもどちらかが激しく傷ついたとき(友人の死であったり恋人の死であったり)には必ずそばにいた。

私たちは人間の欠点にだけ心惹かれるという共通の性質を持っていた。私がミシアを愛したのは、それなりの理由をこの人が充分に持っていたからだ。

おそらく二人は、とてもよく似ていた。ミシアはシャネル好みの人間だった。

ミシアのいちばんの長所は、決して人を退屈させないことだ。
ミシアには真面目さなんてのはひとかけらもなく、あらゆる恥を持っていたが、
そこには、一種の尊大さや無垢さがあって、普通の女の枠をこえていた。

そう、「普通の女の枠をこえている」という部分においてミシアは決定的だった。強烈な個性の持ち主シャネルと渡り合える強烈な個性の持ち主は、ミシアしかいなかった。だからシャネルはミシアへの思いをしつこいくらいに語っている。

ミシアは、私にとってただひとりの女友達だったし、
友情以上のものをこの人に持っていた。
女に対して、私は友情のひとかけらも持っていない。
なぜなら女たちは面白くないからだ。

女友達は多くなくていい

「面白くない」人と過ごす時間ほど無駄なものはない。

シャネルにとって女たちは、みんな退屈だった。「自立」なんて言葉と無縁の女たちばかりの、そんな時代だったから無理もない。だからつき合わなかった。

そう、退屈な人と無理してつき合うことはないのだ。

女友達は、多くなくていい。

どこまでも対等で、本気で喧嘩ができ、それでいて相手が苦しんでいるときは駆けつける。このような友を持つことは、運命の男に出逢うのと同じくらいに奇跡的だ。

だから出逢えたら大切にする。しかし、それ以外なら、いらない。

女友達とはあらゆる感情でつき合う

シャネルとミシアの複雑な友情を見ると、激しい感情のやりとりのなかでしか生まれ得ない親密さというものがあるのだ、と思う。

摩擦を怖れすぎてはいないか。言いたいことも、言うべきことも言わずに過ごしてはいないか……。

もしも相手と深い関係を築きたいなら、うわべだけの言葉、偽りの薄ら笑いをやめなければならない。

ミシア・セールという女

ミシアはポーランド系フランス人だった。音楽家でも画家でもなかったが芸術に対して独自の嗅覚をもち、「もぎとったばかりの果実」のような美しさで芸術家を魅了した。画家のボナール、ロートレックやルノワールなどのモデルとなった。ヴェルレーヌやマラルメ、ディアギレフが詩を捧げた。ヴュイヤールなどは「幸福とはあなたがそこにいることでした」とまで言っている。

一方、アクの強い性格を指摘する人も多い。フィリップ・ベルトローは自分が可愛がっているものは彼女に渡してはならないといい、ミシアが玄関のドアを鳴らしたとき、「ほら猫がやって来た、小鳥がいたら隠しなさい」と言っている。

愛憎、嫉妬などのどろどろの感情を互いに抱きながらも、シャネルとミシアの友情は三十年間続いた。一九五〇年の秋にミシアは亡くなった。七十八歳だった。シャネルは当時六十七歳。翌朝シャネルはすべての人を部屋から追い出し、一時間かけて死化粧をした。

シャネルの手によるミシアは、友人たちが息を飲むほどに美しかった。

一九二〇年。左上から時計回りにストラヴィンスキー、ミシアア・セールの夫、シャネル、ミシア・セール

CHAPTER

N° 6

香水をつけなさい

ロシアの恋人、ディミトリ大公

一九二一年、三十八歳。

シャネルは十歳ほど年下の美しい男と出逢った。ロシアのディミトリ大公。ロシア最後の皇帝ニコライ二世の従兄弟で、一九一七年のロシア革命で宮廷が崩壊したのち、パリに亡命してきていた。

二人の親密な関係は一年ほどの短いものだったが、この短い期間でシャネルが得たものは大きかったし、友情関係はディミトリが亡くなるまで続いた。

また、シャネルはディミトリ大公の友人たちを経済的に支援したから、シャネルの周囲には亡命ロシア貴族があふれた。

そしてシャネルは彼らから「品格」を学んだ。

「過剰」は下品だというその感覚はもともとあったが、シャネルは自信を持って、それを服作りに活かした。


刺繍にもますます力を入れはじめた。

刺繍は以前より使いはじめていたが、ディミトリの姉マリア・パヴロヴナ大公女が服の刺繍を安価で引き受けたいと申し出た。

マリアもロシアからの多くの移住者と同じように経済的に困窮していて、自立したいと思っていた。

シャネルは最初驚いたものの、マリアの自立したいという志に共鳴した。それに、急増していたオーダーに応じるために刺繍を請け負ってくれる業者が必要だった。

マリアのもとでロシアの伝統的なモチーフや新しいデザインの刺繍が生まれ、シャネルの服に使われた。

マリアが作った店は、のちにシャネル社の服に刺繍を施す店として成功する。

マリアによるシャネルの描写がある。

「それから何年もの間、私はシャネルの創作の才を目の当たりにすることになった。彼女は紙の上でデザインすることはなく、頭にあるアイデアをもとに作るか、作りながら考えるかのどちらかだった。

シャネルは仕事に集中し、周囲の誰にも注意を払わない。シャネルのような人、ゼロから作りあげた自分自身の権威によって、一言一句、命令に従わせるような人に私は会ったことがなかった。」

イミテーション・ジュエリー

このころからシャネルはイミテーション・ジュエリー（コスチューム・ジュエリー）を流行させる野心を持ちはじめていた。

これは宝石好きの女たちに対する挑戦状でもあった。

シャネルは彼女たちのことを苦々しく思っていた。

パールのネックレス。イミテーションか本物か。マン・レイ撮影のシャネル。一九三五年頃。

夫の富のもとでしか存在しようとしない女たちがシャネルは嫌いだった。

首のまわりに小切手をつけているようなものだ。

もし宝石が何かの記号であるなら、
それは卑しさの、不正の、または老いの記号でしかない。

夜会で、他人の宝石が気になってしかたのない女たち、宝石によって自分の価値が左右されるかのように考えている愚かな女たちを、シャネルは軽蔑した。

価値ある宝石をつけたからといって、それで女が豊かになるわけではない。

どんなに高価な宝石をつけようとも服装が洒落ていなければ意味がないのだ。
宝石とシャネルについて、作家のコレットが言っている。

「黄金の伝染性の輝き、弱くて財産に埋もれているような人たちが発散する慎みのない輝きなど、彼女はいっさい身につけなかった。」

アクセサリーの工房は一九二四年に作られている。
シャネルが発表した、本物と偽物を混ぜ合わせた美しいアクセサリーに上流階級の女たちは夢中になり、こぞって偽物をつけはじめた。
そんな女たちを眺めながらシャネル本人は本物だけをつけて、不敵に微笑んだ。

宝石はそれをつける人にふさわしく役立つ。
私は宝石をいっぱいつけるけど、
それは、私がつけると全部偽物に見えるからだ。

イミテーション・ジュエリーを流行させたことで、シャネルは重大なことを成した。
つまり「財力」と「おしゃれ」を切り離したのだ。

それにしても、後述する「ロシアバレエ」も含めてこの時代はロシア一色だった。

どういうわけか、ロシア人というのは私を夢中にさせる。

カペル時代はイギリス紳士の服装からインスピレーションを得たが、今度はロシアから得たというわけだ。そのなかでも、もっとも大きな収穫は「香水」だった。

成功を決定づけた「香水革命」

香水をつけない女に未来はない。

これはフランスの作家ポール・ヴァレリーの言葉だが、シャネルはほとんど自分の言葉としていた。

香水はシャネルにとって不可欠なものだった。

一九二〇年ころ、ロシア人の有名な調香師エルネスト・ボーに出会った。彼は香水の街として知られる南仏のグラースに研究所を開いていた。

従来の香水は自然の原料のみで作られていたため、香りが単一であり、長持ちしなかった。ボーは合成アルデヒドなどの化合物を調合することによって、香りを安定させることの重要性を理解し、実験を行っていた。

シャネルはボーに「新しい香り」「女の香り」が欲しいと言った。

ボーは言っている。

「私は試作の香水を見せに行きました。ふたつのシリーズです。一番から五番、そして二十番から二十四番です。」

シャネルはただちに五番を選んだ。

「この香水は多くの成分が調合されているし、とくにジャスミンによって、とても高価なものになります」と言うボーにシャネルは言った。

その成分をふんだんに使ってちょうだい。

世界中で一番高価な香水を作りたいの。


一九二一年、三十八歳。

「No.5」発売。

商業的な成功という意味の他にも、「No.5」の登場は革命的だった。

まず第一にその名前。それまでは文学的な長いものが多かったのに対して無機質な数字。第二にその姿かたち。薬ビンのようにシンプルなそれは新しく、シックだった。

「No.5」の登場でルネ・ラリックなどの装飾的なビンは時代遅れとなってしまった。

包装も白地に黒で品名が記されているのみ。

香水について語りはじめるとシャネルは一段と冗舌になった。


香水は、本当の贅沢。その人の個性。

自分にふさわしい香りを選び、ほのかに香らせるだけで印象が変わる。

女に香水は欠かせない。
香水は女の存在を印象づける大切なもの。

シャネル自身はふんだんに香水をつけた。ただし、臭いを隠すための香水は禁止した。そして、清潔さを愛した。

私は上着を置き忘れると、すぐにそれが私のものだってわかる。
石鹸を使わないのなら、香水も使ってはいけない。
醜さは許せるけど、だらしなさは絶対許せない。

もっと怒っていい

「穏やかさ」は美徳。これを否定しないが、「怒る」ことも、もっと認めるべきなのではないかと考えさせられる。世のなかのおかしなことや醜いことに対して、もっと反応してもいいのではないかと。

シャネルは、小切手を首の周りにぶらさげているような宝石使いをしている女たちに怒っていた。「男に依存している証明書」のような宝石使いをしている女たちに怒っていた。それが新しい装飾品の世界を作り出した。

なにか、ことを起こそうとするとき、怒ることはやはり強烈なエネルギーとなり得るのだ。日頃おそらく無意識に抑圧しているこの感情に、もう少し光をあてるべきなのではないか。

ミスティフィカションな女であれ

「ミスティフィカション」、日本語では「韜晦《とうかい》」という難しい言葉で訳される。すすんで相手に誤解の材料をばらまいて、本当と嘘がごちゃまぜになった煙幕を張り巡らせて、自分の真実をわからなくしてしまうようなやり方だ。

シャネルにはこの趣味があったかと思うのだが、宝石にまつわる行動には、それが色濃く出ている。

本物のパールとイミテーションのパールを、じゃらじゃらと何連も首からさげたシャネルは、まさに「ミスティフィカション」を体現している。ミスティフィカションは、イギリス生まれの「ダンディ」たちの趣味でもあったから、シャネルはこれをカペルから学んだのかもしれない。ともあれ、これがますますシャネルをミステリアスに魅惑的に仕立ててゆく。

ロゴマーク

一九二一年に発表された「No.5」のボトルの上部に、Cを背中合わせに組み合わせたロゴがある。シャネルブランドのロゴマークだ。

このロゴマークのデザインはシャネル自身が作ったもの。

ふたつのCは「ココ」と「シャネル」のCを意味するのだろうが、このロゴにはもうひとつの物語がある。

シャネルとアーサー・カペルの物語だ。

シャネルが深く愛したカペル、一九一九年に自動車事故で亡くなったカペルはポロ競技が好きだった。

パリ・ポロ・クラブには「アーサー・カペル・カップ」と刻まれた銀製のトロフィーがある。これはふたりの熱愛時代に作られたものなので、おそらくふたりでデザインしたものだろう。

このカップの最上部に、背中合わせのCがある。カペルのCとシャネルのC。

ラッキーナンバーは5

シャネルにとって「5」はラッキーナンバーだった。シャネルには迷信的なところがあり、占い師から「5があなたのラッキーナンバー」と言われたこともあるし、アーサー・カペルから教えられた神智学や古代哲学で「5」という数字が重要であるということを知っていたとも考えられる。また彼女の星座は獅子座、五番目の星座。コレクションを発表する日は必ず「5」のつく日を選んでいた。

シャネル香水会社

「No.5」の発売から三年後の一九二四年、香水の売り上げを伸ばしたいシャネルは、やり手のビジネスマン、ピエール・ヴェルタイマーに会った。香水を売りたいのなら会社を作る必要がある、という彼にシャネルは軽く答えた。

「会社を作りたいなら作ればいい。でもあなたたちのビジネスには関与しない」

こうして「シャネル香水会社」が設立され「No.5」の売り上げは、長年に渡って莫大な富をヴェルタイマーとシャネルにもたらした。

「私はビジネスウーマンにならずにビジネスをやってきた」とシャネルは言っている。彼女は数字のことや事務的なことが嫌いだった。シャネル香水会社設立の際にも、明確な取り決めをしていなかったことから、ヴェルタイマーとの間で利益配分をめぐってたびたび喧嘩や訴訟が繰り広げられた。

「シャネル帝国」と呼ばれる彼女のビジネスを支え続けたのは「No.5」を代表とする香水の売り上げであり、ヴェルタイマーは必要不可欠なビジネスパートナーだった。そして、争いはあったものの、両者の間には互いに対する尊敬と友情があった。

のちにシャネルがカムバックする際にも彼女を支えた。

激しい確執はあったものの、シャネルに対して誠実で愛情を持ち続けたピエール・ヴェルタイマーを評価する人は多い。ヴェルタイマー一族はシャネル社オーナーとしてブランドを守り続けている。

「No.5」とマリリン・モンロー。一九五二年『ライフ』誌のインタビュー。「夜は何を着て寝ますか？」という質問に対して「シャネルのNo.5だけ」と答え「No.5」の存在、その価値を世界に広く知らしめた。

CHAPTER

Nº 7

お金を使いながら裕福になりなさい

お金の正しい使い方

シャネルのメセナ（芸術支援）人生は、ひとりの芸術家に小切手を差し出したことからはじまった。

カペルの死から立ち直りつつあるころだった。

ある時シャネルとミシアがいるところに、ロシアバレエのプロデューサー、セルゲイ・ディアギレフが訪れた。彼はミシアの友人で、資金難に苦しんでいた。シャネルの存在には気づかないようだった。しばらくしてのち、シャネルはディアギレフと会った。そして彼の希望をはるかに上回る額の小切手を手渡した。条件は、「誰にも言わないこと、とくにミシアには絶対言わないこと」だった。

お金を持っていれば、自分が愛している人々を、何か言うべきものを持っている人々を助けることができる。立派な作品を上演させることができる。私はずいぶんロシアバレエを助けた。そして私が要求したことといえば、ひとつだけ。誰にも知らせないでもらいたいということ。


意地の悪い人も、そうでない人も、シャネルは投資に対して天才的な勘があったと言う。有名になる以前の天才を発見して、彼らに投資するのだ。それはほとんど外れたことがなかった。

シャネル自身も才能を見抜く力があると自負していた。

そして、天才が大好きだった。

私は、私なりの批評精神は持っているつもり。
すばらしいと思いつつも、どこかで息苦しく感じるようなときは、
彼らが本物ではないときだ。

いつでもそうなのだが、私は強い個性の人間とは気が合う。
心から尊敬するし、同時に、どんな大芸術家にも自由に接することができる。

メセナを行うことはシャネルが社会的に認められるための、つまり自由に振る舞う
権限を手に入れるための手段でもあった。

物をあれこれ買うなんて、考えもしなかった。
愛情以外には何も欲しいとは思わなかった。
自分の自由を買わなくてはならなかったから。
それにはいくら出してもいいと思っていた。

私はこれから起こることのそばにいる人間でいたい。

天才たちを抱え込んだディアギレフを援助することで、それも果たせた。コクトーやピカソ、ニジンスキー、ストラヴィンスキーら、時代の先端を疾走する天才たちとともにシャネルの名前があった。メセナを行った実業家として。そして、すばらしい舞台衣装を手がけたデザイノーとして。

所有することは醜い。執着するのはもっと醜い

シャネルから経済的な援助を受けた芸術家の名を挙げればきりがない。

ディアギレフに対してそうであったようにシャネルは彼らから決して「見返り」を要求しなかった。それどころかお金を出したことを内緒にしておくように約束させた。

受け取るよりは、与える方が、はるかに嬉しい。

私が浪費することのなかで一番好きなのは、私の力。

そして、貯蓄に励む人を軽蔑した。

節約しているのに貧乏になる人もいれば、お金を使いながら裕福になる人もいる。

私は人を判断するのに、お金の使い方で見分けることにしている。

シャネルはお金を使うことによって存在感を増していった。そしてどんなにお金があっても絵画など美術品のコレクターにならなかった。

物を買ったあとで所有し、執着するのは醜い。

刺激に満ちた「シャネルのサロン」

こうしてシャネルは芸術大国フランスの、芸術活動が活発だった時代のパリにおいて、メセナを行う実業家として、そして美の支配者として君臨した。

ミシアとともに、階級社会外にいる芸術家たちを招いて夜な夜なパーティーを開き、独自の社会的地位を確立していった。やがて、驚くべきことが起こった。上流階級の人々がシャネルのサロンへ招かれたがったのだ。招かれるためには招かねばならない。上流階級の人々がシャネルを自分のサロンへ招待するようになった。

これは歴史的事件だった。どんなに有名でもどんなに才能があってもどんなにお金持ちでも、ファッションデザイナーは商人にすぎず、上流社会の垣根は高かった。シャネルはデザイナーの社会的地位も上げたのだ。

作家のモーリス・サックスは日記に記している。

「あれほど門戸の固かった上流社会が、マドモアゼル・シャネルに扉を開いたばかりか、競って彼女を招きたがるのはどうしたわけだろう？　それほど彼女は才能があって美しい人なのだろう。とにかく今の時代のスターといえば、マドモアゼル・シャネルと言わなければならない。それに比べたら、ピカソもまだまだである。」

人々はシャネルがずばずばと、ある人物やある作品を批評するのを面白く聞いた。そう、シャネルは「批評」することが好きだった。

批評しなくなった日が来たら、それが我が人生の終わりだとさえ思う。

周囲の人たちに対しては手厳しく、なかでも「品のない人」、「羞恥心のない人」を激しく嫌った。

私には羞恥心がある。
羞恥心はフランスのもっとも良き美徳だ。
羞恥心の欠如した人にはうんざりさせられる。

周囲に集う人々はシャネルともっと親しくなりたいと思ったが、シャネルは一定のラインから内側には立ち入らせなかった。また、干渉されることもひどく嫌った。そして、外出が嫌いだった。

誰かに愛着するのは好きじゃない。

忠告されるのも嫌い。
それは頑固だからではなく、私が影響されやすい性格だから。
だいたいにおいて他人は、おもちゃでも医者でも忠告でも、その人が良いと思うものしか与えないものだ。

私はずいぶん騒がれた存在になったが、夜はめったに外出しなかった。
だからかえって、みんなに求められたのだろう。

お金は効果的に、かつ上品に使う

上流階級の人々に対してシャネルは手厳しかったが、批判の矛先は彼らのお金に対する意識に向けられた。品性は階級ではなく、その人自身に宿る。そしてお金の使い方にこそ人間の品性が、残酷なまでにあらわれる。シャネルのお金の使い方は大胆だった。また、お金を援助したことを知られたがらなかった。結果的にそれが彼女の格を上げた。

シャネルのお金の使い方。いくつかの特徴があるが、そのひとつは今の生活にすぐに活かせそうだ。シャネルはお金を「モノを所有する」ことには使わなかった。

人との距離を保つ

シャネルは多くの人と近寄り過ぎなかった。サロンやパーティーに呼ばれても、めったに顔を出さなかった。それは仕事に時間をかけたいため、もともと外出嫌いなため、などの理由があったが、いずれにしても結果的にそのことが「人気の秘訣」となった。誘われればどこへでも顔を出す人に、魅力的な人はとても少ない。

好きな人とだけ遊ぶ

「個性の強い人間と気が合う」という言葉、そしてその時代の才能ある人々との交流は、シャネルの「個性の強さ」と「才能」を物語っている。類は友を呼ぶというが、これは性質のみならず、社会的地位についても当てはまる。周囲を見渡して、満足するか失望するか。周囲の顔ぶれは、自分自身の社会的地位、現在の状況を雄弁に語っている。

シャネルは個性の強い人でありたかった。だから個性の強い人間を探して選んで友情関係を築いた。個性的でない人間は好きではなかったから、遊ばなかった。無駄な時間を過ごさなかった。ここで自問する。無駄な時間を過ごしてはいないだろうか、と。

天才たちとの交友

本文で紹介しているロシアバレエ主宰者ディアギレフや詩人ルヴェルディのほかにも、シャネルが愛し愛された芸術家は数多く存在する。ここではほんの一例を。すべてに共通しているのは、親密な関係が終わってからも友情関係は続いたということ。

イゴール・ストラヴィンスキー（作曲家）

シャネル三十代の後半から四十代のはじめにかけて親密な関係にあった。四人の子どもと病気がちな妻をかかえて経済的困窮状態にあったロシアの天才作曲家ストラヴィンスキーにシャネルは別荘を提供し、彼と彼の家族を支えた。

シャネルとストラヴィンスキーは恋におちた。彼の妻のことを気にかけるシャネルにストラヴィンスキーは言った。

「妻はぼくがあなたを愛していることを知っている。こんな重大なことを妻以外の誰に話せるというのか？」

ふたりの情事は人々の興味をかきたてたが、シャネルは否定していた。それでも彼の音楽を心から愛し、賛辞を惜しまなかった。

ジャン・コクトー（詩人、画家、映画監督ほかマルチに活躍）

同性愛者であったコクトーとの間には不思議な友情があった。まるでしっかりものの姉とできの悪い弟のような関係だった。

シャネルは言っている。

「ああ、彼ね。お調子者でどうしようもない人だけど憎めないところがあるの。」

コクトーのシャネル評。

「彼女はすごい、あれは裁判官だよ。彼女が見る、こくりとうなずく。微笑む。そして死刑が宣告されるんだ。」

シャネル四十歳。コクトーの若い恋人である作家のレイモン・ラディゲが病死したとき、茫然自失《ぼうぜんじしつ》となっているコクトーに代わって、シャネルは葬式のすべてをとり行った。

棺も花も霊柩車も馬もすべて白。そのなかで一束だけ真っ赤な薔薇という演出だった。

パブロ・ピカソ（画家）

ピカソは一八八一年生まれ。シャネルよりふたつ年上。このふたりはほぼ同年代に生まれ、ほぼ同年齢まで生きた。ピカソは九十一歳で、シャネルは八十七歳で亡くなっている。

その知名度、影響力、実力、華やかな恋愛関係、エネルギー、あらゆる点を総合すれば、この時代「男ピカソ、女シャネル」に勝る者はいないだろう。

シャネルとピカソの間につかの間の男女関係はあった。長い人生のなかで疎遠になった時期もあるが晩年まで交流は続いた。

ルキノ・ヴィスコンティ（映画監督）

ヴィスコンティは同性愛者であったが両性愛者でもあった。シャネル五十代の半ば、ふたりは親密な関係にあった。シャネルはヴィスコンティを映画監督のジャン・ルノワール（画家ルノワールの息子）に紹介した。

「若いイタリアの伯爵が映画界で働きたがっているの」

ヴィスコンティは自分が映画監督として活躍できるようになったのは、シャネルのおかげだと、さまざまな場面で言っている。

サルバドール・ダリ（画家）

ダリとはシャネル五十代の半ばの数ヶ月間、男女の関係にあった。ダリの最強のパートナーであり妻であるガフはいたが、ダリは一時期シャネルに夢中だった。

ダリがシャネルに送った何通かの手紙には次のような言葉が並ぶ。

「あなたに電話をかけると思うと動悸がして痛みが走る。あなたが何を言うのかまったく想像できないから。……全身全霊であなたを愛しています。僕のことを忘れないで。あなたといるととても心地がいい。あなたに会うことはとてもたいせつなことだ……」

CHAPTER

Nº 8

真似されたら喜びなさい

「リトルブラックドレス」という革命

一九二六年、四十三歳。

『ヴォーグ』誌がシャネルの革命的ドレスを掲載した。「リトルブラックドレス」。

これが革命的だったのには二つの理由があった。

一つ目の理由は、喪服の色でしかなかった「黒」をモードな色としたこと。以来「黒」はパリ・モードの主流で、もっともシックな色となった。


黒は、すべての色に勝る。

四年か五年の間、私は黒しか作らなかった。
私が作った黒のドレスは、白い衿とカフスをつけると、毎日のパンのように飛ぶように売れた。
誰もがそれを着た。女優も社交界の女性も、そしてメイドまで。

二つ目の理由は、誰にでも着られるシンプルなデザインにあった。これはコピーが可能ということにつながる。シャネルは二十世紀がコピー文化の時代、大量生産、消費社会であることを見抜いていた。

一方で「貧乏スタイル」だと批判する人もいた。シャネルは憤然と反論した。

「シンプル」と「貧しさ」を取り違えることほど馬鹿なことはない。
上質の布地で仕立てられ贅沢な裏地をつけた服が、貧しいはずはない。

コピーされるのは誇らしいこと

時代の空気をいち早くつかまえるのがデザイナーの役目だとしたら、他の人たちが同じことをしたって不思議ではない。私がパリに漂い、散らばっているアイディアにインスピレーションを得たように、他の人が私のアイディアにインスピレーションを得ることもあるだろう。

このように考えるシャネルは、いわゆる著作権というものに興味がなかった。シャネルにとってコピー問題は成立しないのだ。他のデザイナーたちは意匠権（著作権の服版）を守ろうと動いていたが、シャネルはこれに同調せず、他のデザイナーとの対立を生むことにもなった。

モードについてシャネルは言う。

魅力あるつかの間の創作ではあるけれども、永遠の芸術作品ではない。
モードは死ななければいけない。
それもできるだけ早く。
そうでなければビジネスにならない。

もともとモードはうつろいやすいものであり、うつろわなければ、モード産業は成り立たない。

本質的にうつろいやすく、死に絶えやすいものを、どうやって守ろうというのか。

これがシャネルの言い分だった。

あるエピソードがある。

シャネルが出席したあるパーティーでのこと。なんと十七人もの人が「シャネルのドレス」を着ていた。けれどシャネルの店で作ったものは、一枚もなかった。

ある伯爵夫人は「わたくしの衣装はあなたのところで作らせたのよ」と言ったけれど嘘だった。また別の伯爵夫人はシャネルの連れの男性に言った。「今夜はシャネルに会えないわ。だって、わたくしのドレスは、シャネルの店で作らせたものではないんですもの」。

シャネルはおどけて言った。

「私のドレスも、ほんとに私の店で作ったかどうか、自信がないわ」

シャネルはコピーされることを喜んでいた。

ラシーヌやモリエールといった有名文学者の名を引き合いに出した。彼ら文学者は、自分たちの文章を引用する教師を、「コピーしている！」と訴えたりしなかった。これと同じなのだ。

コピーされることは賞賛と愛をうけとること。

つまり、「成功の証明」そのものだった。このコピーに対する考え方は、次の信条にもつながる。

よくできた服は誰にでも似合う服である。

誰にでも似合う服だからコピーされるのだ。ということは自分が作り出した服は「よくできた服」なのだ。喜んで当然だ。

詩人ルヴェルディとの静かな交流

漆黒の黒、暗闇の黒、美しい黒。

シャネルが起こした黒い革命を思うとき、忘れてはならないひとがいる。ピエール・ルヴェルディ。彼が直接黒いドレスのインスピレーションを与えたわけではないが、シャネルの黒を深みのある黒にした。

二人の出逢いは、時間を少し遡って、一九二〇年。カペルの死の翌年、シャネル三十七歳のときだった。

ルヴェルディには堅実な妻がいて、お針子として働きながら生活を支えていた。ルヴェルディとシャネルの間に、まず友情が生まれた。

ルヴェルディは、外見は魅力的ではなかったが、その眼差しの深さと黒い目の光で人々を惹きつけた。俗っぽさを憎み、孤独を愛した。

シャネルとルヴェルディはやがて愛し合うようになるが、ルヴェルディは難しい男だった。どんなに寄り添っても、つねに詩人の根源的な不満にぶつかってその先には行けなかった。

詩人の不満はシャネルに対してではなく、人生の醜い部分に対して向けられていた。これはどうにもならなかった。ルヴェルディは詩人であり、この不満こそ創作活動のエネルギーだった。つまり、ルヴェルディは詩人であるがゆえに、シャネルを、他の男たちと同じような形では愛せなかったのだ。

ルヴェルディはシャネルに格言集を作ることを勧めた。シャネルはこれに熱中し、書いたものをルヴェルディに見せて意見を求めた。

有名な言葉もこのなかのひとつだ。

翼を持たずに生まれてきたのなら、翼を生やすためにどんなことでもしなさい。

やがて、ルヴェルディが妻とともにパリを遠く離れて隠遁生活を送るようになってからも、シャネルとルヴェルディの交流は続いた。

三十年以上、ルヴェルディが亡くなるまで続いた。それは魂の交流だった。

ルヴェルディからシャネルへの愛の言葉。

「偉大で愛しいココに、最後の動悸が止まるまで心から愛をこめて」

「この本を君に捧げよう。君の枕頭《ちんとう》を照らす甘く秘めやかなランプとなるように」


シャネルは出版関係をはじめとする援助を惜しまなかった。ルヴェルディの才能を世に認めさせようと必死になった。後年、ルヴェルディの死後も不適当な評価が与えられれば、擁護のために闘った。ルヴェルディに対しては、最期まで絶対の尊敬と信頼があった。


高邁《こうまい》な魂だった。

彼の口からは、汚いものは出てこなかった。

ルヴェルディは本物の詩人だった。

つまり、見者（ヴォワイヤン）だった。

隠遁生活を送る詩人と、華やかなスターデザイナー。二人の間に共通点はほとんどなかったが、唯一のものをあげるとしたら、それは「孤独」だった。
その孤独は暗闇にあり、ルヴェルディは、シャネルの「影」の部分を愛した唯一の男だった。

「愛しいココよ、影が光のもっとも美しい宝石箱であることを君は知らない。僕が君のためにもっとも優しい友情をたえず育んできたのは、この影のなかでなのだ」

生涯を通してシャネルが愛したのは、カペルとこのルヴェルディだ、と言う人もいる。ルヴェルディはシャネルの人生に登場した数々の男たちと何が違ったのか。
おそらく彼はシャネルの存在の奥深くに、直接触れることができた男だった。それは彼が「本物の詩人」だったからだ。シャネルはそんなルヴェルディを「男」としても愛したが、「本物の詩人」としても、心から尊敬していた。

真似される女になる

ファッションにしても仕草にしても言葉の選び方にしても、女が真似したい女には独自の強烈なスタイルがある。

ストールの選び方、美しい財布、ベルト使い。コーヒーカップを持つときの指の形。やわらかでウィットに富んだ挨拶の言葉。

そしてスタイルのある人は、真似されることに無頓着だ。「あのひと、わたしの真似して嫌になる」などと言わない。

無頓着なのではなく、「真似する行為は賞賛の証明」なのだと知っているのかもしれない。真似されることは名誉あることなのだと。

恋愛のあとは友情を残す

シャネルはルヴェルディの才能を賞賛していた。愛されながらも拒否されるという複雑な関係で、シャネルが望む形での愛を与えてくれなかった男。辛い思いもしただろう。しかし、シャネルは詩人ルヴェルディの生き方を尊重し、できるかぎりその才能を世に認めさせようと努力した。ひとりの女としては結局、その愛が一般的な形では実らなかったとしても、それですべてを終わらせなかった。

奨励する意味で言うのではないが、事実として、シャネルは男たちに対して「ドライ」だった。夢中になっているときも、つねにどこか一部分は乾いていた。だから恋愛後、ぷつんと切れた男は少なかった。ディミトリ大公もストラヴィンスキーもルヴェルディも、そしてこれから登場するウェストミンスター公爵も、シャネルとの交流を続けた。「恋愛のあとは友情を残す」。これもひとつのシャネルスタイルだ。

リトルブラックドレス

「リトル」とはひかえめなデザインを意味する。

『エル』誌の記者ピエール・ギャランは言った。

「この一着だけでシャネルの名は不滅だ。」

一九二六年のアメリカ版『ヴォーグ』誌は、このドレスを「シャネル・フォード」と紹介している。

フォードは当時アメリカで量産されていた車で、黒い車体の大衆車だった。

「同じマークの車が同じ型だからといって、買うのを躊躇するだろうか。反対だ。類似こそは品位を保証する。」「これはシャネル製作のフォード車だ。」

コピー文化を象徴するドレスだった。

一九二六年。『ヴォーグ』誌に掲載されたシャネルのリトルブラックドレスのバリエーション。

CHAPTER

N° 9 ノンと言いなさい

世界一金持ちの恋人たち

パリ、モンテカルロ、ビアリッツ、ドーヴィル……、シャネルが顔を出せばどこでも話題になった。フランス版『ヴォーグ』誌は「パリで、おしゃれに関係のあるものは、すべてシャネルのサロンを通る」と書いた。仕事は絶好調だった。

一九二五年、四十二歳。

ウェストミンスター公爵と出逢った。シャネルより四つ年上。イギリス王室の血を引き、ヨーロッパ一の金持ちと言われていた。ウィンストン・チャーチルとも親しかった。マスコミが彼の優雅な生活を追いかけまわし「気まぐれ、贅沢、退屈している」といった常套句《じょうとうく》で飾った。

ウェストミンスター公爵は生涯に四度結婚したが、シャネルと出逢ったのは二度目と三度目の間だった。彼にとってシャネルはあらゆる意味で新鮮だった。今までに出逢った女たちと、ことごとく違っていた。仕事を持ち、仕事によって自由を獲得していた。公爵はシャネルに夢中になった。

なぜウェストミンスター公爵は、私といると楽しかったのだろう。
私は彼を罠にかけるようなことはしなかったからだ。
イギリスの女は、男を捕らえること、罠にかけることしか考えない。
名門の出か大金持ちともなれば、彼はもはや男ではなく獲物になってしまう。

公爵の贈り物攻撃がはじまった。贈り物とはいってもスケールが違った。熱烈なラヴレターを運ぶために、彼の特使がパリ・ロンドン間を往復した。大邸宅イートンホールの温室の花々、果物などは別便の飛行機で運ばれた。野菜がたくさん入ったカゴのなかに大きなエメラルドの原石が隠されていたこともあった。

最初はクールな態度をとっていたシャネルだが、ウェストミンスター公爵の情熱に、ついに折れた。

言い寄ってきた三人の男。
イギリス皇太子、ロシアのディミトリ大公、そしてウェストミンスター公爵。
私は私を一番保護してくれる人を選んだ。

私の本当の人生が、ウェストミンスター公爵を知ってからはじまった。
これで私も頼りにできる肩を、安心して寄りかかれる大木を見つけた。

すでに富も名声も手に入れていたシャネルは、ようやく対等な関係を築ける相手に出逢ったのだった。打算のない関係、どちらかが囲うとか囲わないとか、そういったものがまったくない関係。つまり、普通の男女のように対等につき合える相手に、ようやく。

そう。世界的に有名なスターデザイナー、シャネルと対等につき合える男は、この時代、「ヨーロッパ一の金持ち」しかいなかったのだ。そしてシャネルは豪華な贈り物が届くたびに、それに見合う贈り物をただちに返した。シャネルらしかった。

世界一金持ちの男とつき合うというのは、一番お金のかかることだ。


ゴージャスな恋人たちをマスコミが追いまわした。なんとも華やかな時代だった。

この時代のシャネルについて、モーリス・サックスが次のように書いている。

「シャネルは、かつてパリが、その前例を見なかったような女性像を作り出した。彼女の影響はその仕事の領域をはるかに超えていた。彼女の名は、男ならば、政治とか文学とかの分野でその名が刻まれるように、人々の心のなかに刻まれた。

……彼女はひとりの将軍だった。見通しの早いこと、支配力の見事さ、細かいところまで神経の行き届くこと、そして特に、自分のところで働く者たちへの愛着など。

……彼女には抵抗しがたい何かがあった。」

一九二八年、四十五歳。

カンボン通り三一番地の店（現在のシャネル本店）を改装する。室内装飾をシャネル自身が手がけた。店中を鏡張りにし、黒とベージュを基調にした。このカンボン通りの店は四棟を占拠し、そのうちの一棟の三階にシャネルの私室があった。コロマンデル風の屛風が有名な私室だ。

室内装飾というものは、魂の自然な投影。
バルザックが服装と同じくらい室内装飾を重要視したのも当然だ。

イギリスからのインスピレーション

シャネルはウェストミンスター公爵から得たものをモードに取り入れ、次々と発表した。「イギリス風」が創作のテーマとなった。

イートンホールの召使が着ていたストライプの服、船の乗組員たちの金ボタンの上着、男性的なカットの上着、スポーツ用のコート、そしてツィード地を使ったカーディガンスタイルのスーツなど、アイデアが尽きることなく湧き出てきた。
ある春の日、カンヌの岸壁にウェストミンスター公爵の持ち船「フライング・クラウド号」が横づけされた。晴天だった。金ボタンのついた紺のジャケットに白い帽子をかぶったウェストミンスター公爵が降りてくる。そのあとに続いたのがシャネル。男物の紺のカーディガンを羽織り、横縞の水兵シャツに幅広の白いパンタロンといったスタイルだった。真っ黒に日焼けしていた。若々しく健康的で、とても四十五歳には見えなかった。スタイリッシュだった。

日焼けした肌に真っ白なイヤリング、それが私のセンス。

それまでは日焼けした肌は貧しさの象徴だったが、このときから肌を焼くことは、ヴァカンスを楽しめる特権階級のしるしとなり、青白い肌は貧しさの象徴になった。

セーターで暮らすイギリスの習慣も取り入れた。ただし、そこに宝石を組み合わせるのがシャネル流だった。

ある昼食会で、ミシアがセーターの上に三連のダイヤのネックレスを合わせたファッションでお客を迎えた。人々は驚いた。セーター姿で昼食会だなんて、いくら素晴らしいダイヤをつけていたとしても、あり得ないことだった。

これはウェストミンスター公爵との本物の豪奢な生活のなかでシャネルが得た、目立たない豪奢、さりげない自然な豪奢《ごうしゃ》のひとつだった。


ウェストミンスター公爵は、エレガンスそのものだった。

何も新調せず、上着など二十五年も同じものを着ていた。


ウェストミンスター公爵は自分の財産がどのくらいなのか知りもせず、金銭の匂いがまったくしなかった。シャネルの美意識に合っていた。「シンプル」と「エレガンス」、シャネルが生涯を通して主張した美を公爵は身につけていた。

一九三〇年。「ラ・パウザ」（休み時間という意味）と名づけた南仏地中海沿岸の別荘で、セーラーブラウス姿のシャネル。

「結婚」と「仕事」と「子ども」

ウェストミンスター公爵はシャネルと結婚したかった。けれどシャネルは「もし子どもができたら結婚するわ」と答えていた。

そのときは結婚することにとても満足できるだろう。
そうでないなら、何の意味があるのか。
愛が冷めたとき、出口はみんな閉ざされている。
結婚……人は安心や名誉のために結婚する。
そんなことは私にとって興味がない。

ウェストミンスター公爵サイドとしては、跡継ぎが必要だった。けれど結婚を意識し出したとき、シャネルはすでに四十五歳だった。あらゆる検査の結果、子どもを持つ望みは、ほとんどないことがわかった。

私はいつも、いつ立ち去るべきかを知っていた。
イギリス女になることが、私の運命ではなかった。
人が言う「すばらしい地位」も私の望むことではなかった。
だから私は、彼が誰かと結婚することを要求した。

結局、ウェストミンスター公爵は、同じ階級の女と三度目の結婚をした。このとき、有名なセリフが生まれた。実際にはこんなふうに断言していない。ある会話が誇張されたようだが、人々は好んで口にした。

ウェストミンスター公爵夫人は数多く存在しても、
ガブリエル・シャネルはただひとり。

たしかに、ウェストミンスター公爵との結婚を夢見た時期もあった。けれど、実際問題、彼につき合って船旅に出ることは、仕事から離れることを意味していた。このストレスは大きかった。

私はメゾン・シャネルを見捨てることはできなかった。
私が持っているただひとつのもの。
私が自分の手で作り上げた、ただひとつのものなのだから。

また、ウェストミンスター公爵は「働かない男」だった。ここにシャネルが「唯一愛した男」カペルとの違いがあった。「働かない男」の優雅な生活はシャネルには退屈だった。釣りも面白い。狩りも面白い。ヨットも面白い。しかし、それはけっして人生そのものではない。シャネルにとって、退屈さは何より耐えがたいものだった。惨めなものだった。

私は無為で富みすぎているこの汚れた退屈さにうんざりしていた。


長い休暇はようやく終わった。

その休暇は私には高くついた。

店もほったらかしにして、仕事も滞ったし、そうかといって、店で働く人たちが無給であったわけではないのだから。


シャネルは自らの運命を冷静に見つめることができたから、子どものこと、生まれ育った環境の違いなどのほかにも「別れの理由」はいくつもあっただろう。

たとえば、自分自身のジレンマについての言葉。


強い男でなければ私と一緒に暮らすことはとても難しい。

そしてその人が私よりも強ければ、私がその人と暮らすことは不可能なのだ。

さまざまな要因があるとはいえ、もっとも単純で強い理由はおそらくひとつだけだった。

「結婚」ではなく「仕事」を選んだのだ。

仕事を選ぶ。

当時としては信じられない選択だった。しかも相手は世界一の金持ちだ。それでもシャネルは、結婚ではなく仕事を、選んだ。

男とはノンと言ってから本当の友達になれるもの。

これも有名なセリフだが、シャネルの「ノン」は、じつは、男……ウェストミンスター公爵ではなく「仕事に集中できない環境」に対して向けられていたのだ。

私は自分で引いた道をまっすぐに進む。
自分が勝手に選んだ道だからこそ、その道の奴隷になる。

ウェストミンスター公爵ともまた、友情を残した。
そして、相変わらずコレクションのショーにウエディングドレスはあらわれない。

結婚に依存する女に未来はない

夫の地位や財産に依存して生きようという女たちをシャネルは嫌っていたし、カペルが家柄の良い娘との結婚を選んだ過去などもあり、「結婚」に幻想を抱いてはいなかった。

ウェストミンスター公爵との結婚を夢見たこともあったが、それは「依存」という意味の結婚ではなかった。それがウェストミンスター公爵をますます惹きつけた。

シャネルには男を「獲物」として見ない品性があった。それを支えることができたのは、やはり仕事だった。

「それは違う」という感覚を大切にする。

「イギリス女になることが私の運命ではなかった」。人にはそれぞれに合った道があり、多少の冒険や意外性はあるものの、どう考えても「それは違う」と強く思える道もある。シャネルの場合も、これだったのだろう。ウェストミンスター公爵夫人となったならば今までのように自由に仕事を続けるのは難しい。恋が絶頂にあるときは、判断力も鈍っていただろうが、恋の情熱が下降線をたどりはじめるに従って、「それは違う」という感覚に自信を持ったことだろう。

「それは違う」道を歩いているときには、つねに違和感がある。どこかしっくりこない。つまり居心地が良くないのだ。

マリンルック

マリンルックはカペルとブルターニュにヴァカンスに出かけたときに「発見」した。水夫の制服を見つけて、自分で着てみて気に入っていた。正式な発表は一九一三年となっている。けれど、これがあらゆる意味で完成したのはウェストミンスター公爵のヨットの上だった。

ツィード

恋人の服を借りて着るのはバルサンやカペルのときからのシャネルの趣味で、そこからインスパイアされてきたわけだが、ウェストミンスター公爵時代にも、それはあった。そのひとつがツィードだ。ある日、ウェストミンスター公爵のジャケットとズボンを借りたシャネルは、その着心地と質の良さに驚いた。一九二八年に発表されたカーディガンスタイルのスーツにはスコットランドで織られた特注のツィードが使われた。以後、ツィードのスーツはシャネルの重要なアイテムとなってゆく。

一九三六年。ツィードのスーツを着たシャネル。ポケットに手を入れるポーズは彼女のいつものスタイル。

CHAPTER

N°10

官能に従いなさい

ハリウッド進出

一九三一年、四十八歳。

ハリウッドの映画製作会社から仕事の依頼があった。ハリウッドスターたちの衣装デザインで、当時としては破格の契約金だった。シャネルは承諾し、ミシアと一緒にハリウッド入りした。

ロサンゼルスには歓迎のため、女優のグレタ・ガルボが呼ばれていた。ハリウッドの日刊新聞の見出しには、「二人の女王出会う」の文字が躍った。グレタ・ガルボはシャネルに言った。「貴女がいなかったら、レインコートとカンカン帽の私は存在していなかったわ」。ガルボの他にもマレーネ・ディートリッヒ、グロリア・スワンソンらの衣装を担当した。

やがて新しい恋人ができた。

相手はポール・イリブ。イラストレーター、装飾デザイナー他、マルチの才能を持つ男だった。シャネルと同年齢で、フランス南西部生まれのバスク人。周囲からは「芸術なんでも屋」「才能のあるでしゃばり屋」「女を食い物にする男」などと言われていて、つまり評判は悪かった。イリブの最初の妻は無声映画時代のスターだったが、若くして病死。妻の死を待たずにアメリカの資産家と結婚、ハリウッドに進出しアートディレクターとして活躍していた。

ハリウッドに渡る前に、イリブはパリでコクトーと一緒に雑誌を創刊したりしていたから、シャネルとは面識があった。しかしそのときは二人の間に何も生まれなかった。シャネルがハリウッドに渡ったとき、それは生まれた。ハリウッドに慣れているイリブが頼りになったこともあるだろう。二人はパリに戻り、親密な間柄となった。

すぐにイリブはシャネルにとって、なくてはならない存在になった。おそらく生涯のなかで、もっとも官能的な関係だった。

五十歳の官能

イリブとの関係は欲情だった。
ある人間が他の人間をもっとも喜ばせるもの、それは官能の喜び、ただ官能だけだ。なぜならそこには理性はなんの関係もなく、人間の価値ということも問題にならず、それに、それはその人間の資質に向けられるものでもなく、その人間自身に向けられるものだから。

イリブは性格的には、悪賢いところがあるが愛情深く、お金に関しては汚いところがあった。また、精神的に驚くべき柔軟性があったが、嫉妬は別だった。シャネルの過去の恋愛がイリブを苦しめた。

私の知っているの男のなかでも、いちばんややこしい人間だった。

けれどイリブの前ではリラックスできた。イリブには甘えることができた。同国人であり同年齢である気安さが、二人の間にはあった。

彼はいつも、私のことをこう言っていた。

「あなたは、あわれで馬鹿な女《ひと》だ」

一九三二年、四十九歳。

ハリウッドから戻って、シャネルは最初で最後の宝飾展を開いた。イリブの勧めだった。今までのイミテーションをいっさい廃して、本物のダイヤモンドだけを使った。

私はダイヤを選んだ。

なぜなら、ダイヤは最小のヴォリュームで最大の価値を表現しているからだ。

一九二九年のアメリカの株価暴落からはじまった世界恐慌。不況のなかでフランスの贅沢も死にかけ、失業が襲いかかろうとしていた。贅沢という名において、ダイヤモンド以外に対抗できるものはない時代だった。

結婚の決意

イリブに対してシャネルは、他のどの男にもしなかったことをした。つまり、自分のビジネスに彼を引き入れたのだ。シャネル香水会社とシャネルとの間に訴訟が起こったとき、イリブを代理人とするなどの行為はとても目立った。シャネルが男に頼っている、自分の権力の一部を分け与えようとしている、という噂が立った。その通りだった。シャネルは、気心の許せるイリブと真剣に結婚を考えていた。

このころコレットが友達にあてた手紙。

「イリブがシャネルと結婚するという話を聞いたところです。あなた、ぎょっとしない？……シャネルのためによ。あの男はほんとに興味のある悪魔だわ。」

一九三四年、五十一歳。

フォーブール・サントノレの自宅を引き払い、ホテル・リッツに引っ越す。暮らしをシンプルにするためなのか、イリブとのなんらかの計画があったのかはわからないが、彼女は家具とともに、終《つい》の住処となるリッツに移った。


そして翌年、五十二歳の夏。シャネルとイリブは南仏の別荘に滞在していた。

二人は友人たちとテニスをしていた。陽光降り注ぐテニスコートでイリブは、胸を押さえて崩れ落ちた。イリブは死んでしまった。

シャネルは自分を責めた。自分のせいだ、テニスの試合中気分が悪そうだったのにケアしなかったからだ、と。そして、結婚に対する自分の運命を、呆然と、受けとめた。コレクションのショーにウエディングドレスは、あらわれない。


この年は従業員が四千名に達し、シャネル店が全盛をきわめた年でもあった。シャネルは社会的には疑いなく栄光の絶頂にいた。

甘えられる男には思いきり甘える

イリブはシャネルを女王扱いしなかった。崇《あが》めることもしなかった。「あわれで馬鹿な女《ひと》だ」と言っていた。これは二人の関係を雄弁に語っている。シャネルはイリブに素顔を平気で見せられたのではないか。その延長線上に、会社の仕事の一部を任せるという行為があったのではないか。周囲の人たちが心配するほどに、シャネルはイリブに甘えていた。

「馬鹿だなあ」と「言ってくれる」男に女は甘えられる。社会的地位がある女、自立した女は、男からの賞賛、尊敬の眼差しには慣れていても、「馬鹿だなあ」には慣れていない。だから弱い。周囲が驚き呆れるほどになってしまう。「官能」にもつながる。

五十歳になってシャネルは甘えられる男に出逢った。そして男に甘えることを、官能に従うことを自分に許した。

厳しい人生のなか、ときにはそんなシーズンがあってもいい。

人生の一番は、一つだけ

イリブとの結婚を決意した理由としてはもちろん、年齢的なこともあるだろう。ずっと一人で走ってきたけれど、パートナーが欲しくなった。それに、イリブならば生まれ育ちの問題がない。彼の生い立ちもシャネルと似たようなものなのだ。そして、イリブならば仕事の邪魔にならない。これが大きかったのかもしれない。邪魔にならないどころか、右腕になってくれる存在だった。

総合すると、イリブは「結婚について障害のない男」となる。やはりシャネルにとっての一番は仕事だった。ここから得られることは「一番を仕事にせよ」ではない。「人生に一番を二つ持ってくるな」だ。結婚を一番にしてもいい。ならば仕事は二番だ。一番に命懸けで取り組んでいる場合は、一番が二つというのはあり得ない。仕事と家庭の両立を自慢する人を、私は疑問に思う。厳密には両立するはずがない。どこかに皺寄せがいっているのに気づかないでいるか、両方とも「ほどほど」なのか、どちらかだ。

CHAPTER

N° 11

沈黙して時を待ちなさい

恋人の死、ストライキ、戦争

一九三五年、五十二歳。

イリブの死はシャネルにひどい不眠症をもたらした。なんとか乗り越えようとしたが、安眠は訪れなかった。かかりつけの医師が鎮静剤を処方し、シャネルは眠るための注射をする習慣を身につけた。

このころ、エルザ・スキャパレリという名のイタリアからやってきたデザイナーがヴァンドーム広場に店を出した。アヴァンギャルドなデザインで人気を博し、その美貌とスター性でシャネルの座を脅かしていた。シャネルは初めて追われる身になった。

また、時代も次第にシャネルから離れていった。

共産主義が広がり、世界情勢は緊迫し、フランスでもいたるところでストライキが起こり、シャネル社へも波及した。

ストライキ——。従業員が雇用主に対して、自分たちの要求をつきつけ、それが解決するまで仕事をしない。これが、どうしてもシャネルには理解できなかった。

時代の要求に応え、時代の先端を走り続けたシャネルだが、この件に関してだけは時代の逆を行った。強硬な態度を取り続けた。

自分の手ひとつで作り上げた城、カンボン通りのシャネル店。そこに自分が入れないだなんて許しがたい。シャネルにとって、ストライキは「不正」以外の何物でもなかった。

ストライキへの対処。これは長い活動を通じて、シャネルが混乱を隠せなかった唯一のケースだった。

それでも一九三七年五月、パリで開かれた万国博覧会の夜会でのシャネルは美しかった。オーガンジーのディナードレス、すらりとしたその姿。とても五十四歳には見えなかった。会場の人々は、シャネルとはわからなくても、その美しさに見惚れた。自分の言葉を裏切らない五十四歳だった。

二十歳の顔は自然がくれたもの。
三十歳の顔は、あなたの生活によって刻まれる。
五十歳の顔には、あなた自身の価値があらわれる。

一九三九年、五十六歳。

第二次世界大戦勃発と同時に香水とアクセサリー部門を除いてカンボン通りの店を閉めた。約三千人の従業員は解雇。予告なしに全員解雇するというそのやり方は、かなり非難された。一九三六年のストライキの復讐だ、と人々は噂した。これは「シャネルの裏切り」「シャネルの切捨て」と呼ばれた。

一九三七年。リッツの自室スイートで。『ハーパーズ・バザー』誌に「№5」の広告用として撮影されたときの一枚。

どんな説得も彼女の決意を覆すことはできなかった。これからはじまるのはドレスの時代などではない、とシャネルは考えていた。

私にはひとつの時代が終わるという感慨があった。服を作るようなときは二度と来ないと思った。

長い沈黙の時代がはじまった。

一九四〇年六月。ドイツ軍によるパリ占領と同時に、リッツのスイートルームからカンボン通り側の小部屋に移った。以後、この小部屋を愛し、スイートに戻ることはなかった。

黒い疑惑のなかで沈黙する女

戦争中、シャネルには恋人がいた。ハンス・フォン・ディンクラーゲという名の、フランス語も英語も流暢に話すドイツ人だった。

彼は戦争がはじまるずっと以前よりパリ上流社交界では「高貴な家柄の魅力的なドイツの外交官」として知られていた。

金髪に青い目、背は高く社交的、多くの人をうっとりさせる魅力があった。

ドイツによるパリ占領からまもなくして出逢った。シャネルは五十八歳、ディンクラーゲは十三歳年下の四十五歳だった。

シャネルとディンクラーゲは恋におちた。シャネルの懸念は恋人がドイツ人であるということだったが、占領下のパリで生き残るためには、反ドイツを貫いては生き抜けないという事実もあり、シャネルはそれで自分を納得させた。

祖国愛に胸を痛めながらも、ディンクラーゲの魅力と彼がドイツの高官であることによってもたらされる恩恵を選んだとも言える。

ドイツが降伏しパリが解放されると、今度は「対独協力者」たちへの制裁、リンチがあった。たとえば、ドイツ兵と親しくしていた女性たちは頭を丸刈りにされて街中を引き回された。

シャネルに対しても、フランス人の大多数が「ドイツ人を愛人にしていた裏切り者」と見た。

政府による尋問もあった。しかし例外的にすぐに釈放された。背後にはイギリスの首相チャーチルの介入があった。多くのフランス人がシャネルが罪に問われなかったことに驚き、憤慨した。

シャネルはパリを解放してくれたアメリカ軍の兵士たちに無料で「No.5」を配布した。彼らはこの有名な香水を手に入れるために行列を作った。その様子をあるジャーナリストはこう書いている。

「アメリカ軍兵士たちは、フランス警察がシャネルの髪一本にでもふれようものなら怒り狂った。」

しかし、パリは、フランスは、シャネルに冷たかった。

一九四五年、六十二歳。

シャネルはスイスに移住した。自らの意思でなされたスイス移住だったが、心理的にはほとんど亡命だった。スイスで八年のときが流れた。

人生最大の、激しい怒り

見た目は優雅なホテル暮らしだった。その間、シャネル香水会社との権利をめぐる裁判沙汰もあった。「すべてか、さもなくば無か」といった決意で臨んだ闘いは、シャネルの勝利に終った。結果、莫大な利益が入りこんでくることになった。

パリではクリスチャン・ディオールが戦争で疲れた人々に夢を与えていた。第一回目のショーについて、『ハーパーズ・バザー』誌は「ディオールよ、これこそ、真の革命だ。あなたの服こそニュールックだ！」と賞賛した。ニュールックでパリは沸き立った。

一九四七年、六十四歳。

シャネルはスイスのホテルで怒りに身を震わせていた。きゅっと絞ったウエスト、コルセット、フレアースカート、十センチのハイヒール……。女らしさを全面に出した、上流階級の女たちのための服。すべてシャネルが葬り去ったものだった。それが今、復活し、脚光を浴びている。


同年、シャネルはアメリカへ旅行した。フランスはシャネルに冷たかったがアメリカは大歓迎だった。

シャネルをとりかこんで記者たちは尋ねた。

「ニュールックについてどう思いますか?」

「みなさん、私をご覧になってください、これが答えです」

シャネルは戦前のコレクションのスーツを身につけていた。

「もう服は作らないのですか?」

「まだ何もわかりません。私は戦争のせいでメゾン・シャネルを閉めました。ニューヨークには香水のことで来たのであって、他のことは関係ありません」

若い女性記者が尋ねた。

「香水はどこにつけるべきでしょうか？」

シャネルは答えた。


香水は貴女がキスしてほしいところにつけなさい。


五年後、マリリン・モンローによる「夜寝るときはシャネルのNo.5」発言があり、No.5はますます売れた。

スイスで隠遁《いんとん》中であっても、シャネルは健在だった。


パリではあいかわらず、ディオールを筆頭に、バレンシアガ、ジャック・ファット、ピエール・バルマンら男性デザイナーが女たちをロマンティックに華やかに飾り立てていた。

今まで自分がしてきたことが台無しになっている。シャネルはいてもたってもいられなかった。

しかし、絵画や音楽ならまだしも、うつりかわりの激しいモードの世界だ。無名の新人ではなく、その世界で栄光の頂点を極めたデザイナーが、長いブランクののち返り咲くなどというのは、ほとんどあり得なかった。

しかもシャネルは若くなかった。七十歳を越えていた。若い人はシャネルを知らないし、知っている人は、戦時中のシャネルの行動を水に流してはいなかった。

もはや誰もシャネルを望んではいなかった。

しかし、シャネルにとって、そんなことは、関係なかった。

すでに決意は固まっていた。

うまくいかないときは、動かない

第一次世界大戦のときは時代を味方につけたシャネルだったが、今回は違った。イリブの死、不眠、ストライキ、スキャパレリの存在など、不利な材料ばかりに囲まれていた時代だった。とにかく、何もかもがうまくいかない。疲れた。そんなとき、第二次世界大戦が勃発した。

シャネルはいったんすべてを捨てることにした。その後のことは考えない。そんな姿が目に浮かぶ。積極的なメッセージは聞き取れない。

けれど今、シャネルの人生全体を眺めてみれば、この沈黙は必要だったのだと思える。すべて理由があるのだ。本人には苦しみでしかないシーズンにも、必ず理由はある。だから歯をくいしばって、耐える。

シャネルのスパイ疑惑

シャネルの年下の恋人、ドイツ人のディンクラーゲはスパイだった。

戦前からドイツの外交官としてパリの社交界の人気者だったディンクラーゲが長年にわたってスパイ活動を続けていたことを、シャネルはおそらく知らなかった。スパイは自分のことをスパイとは言わない。

ディンクラーゲもシャネルに惹かれていたのは事実だろう。しかし任務も重要だった。一九四三年の春には秘密警察文書にシャネルの名が登場する。ディンクラーゲがココ・シャネルに仕事を与えたこと。その目的はドイツ情報部のためにシャネルのイギリス人ネットワークを利用すること。

シャネルの知らないところでシャネルのコードネームは「ウェストミンスター」となっていた。ドイツの情報部はシャネルが元恋人であるウェストミンスター公爵と親しいこと、さらには一九四〇年五月にイギリスの首相に就任していたチャーチルとも親しいこと、これを利用しようとしたのだ。

ドイツ軍が劣勢になってくると、ドイツ国内は徹底的に戦い抜くことを譲らないヒトラーに対する反抗勢力が生まれていた。秘密裏に早期停戦を模索する高官たちも少なくなかった。国外諜報局に新しく就任したシェレンベルク大佐もそのひとりだった。彼はシャネルを通じての和平交渉に興味をもった。

一九四四年の一月、シェレンベルク大佐に会うためにシャネルはディンクラーゲとともにベルリンを訪れた。

計画が決まった。シャネルがスペインのマドリードに行き、イギリス大使を通じてチャーチルとの会談を設定する。これは「モデル・ハット作戦」と名づけられた。すぐにシャネルはマドリードに向かったが、この作戦は失敗に終わる。四月にシャネルは再びベルリンに行き、作戦の失敗を報告している。

それからおよそ四ヶ月後、アメリカの参戦により連合国が勝利、ドイツが降伏し、パリが解放された。一九四四年八月二十五日。自由フランス軍を率いたド・ゴールとアメリカ軍による凱旋パレードにパリ市民は熱狂した。

シャネルはスパイだったのか。

ドイツに通じていたという意味ではそうかもしれない。けれどシャネルには愛国心が強くあった。そして過去に、アーサー・カペルやウェストミンスター公爵といった恋人を通して多くのものを与えてくれたイギリスに対する愛も強かった。

フランスはすでにドイツと休戦協定を結びドイツの占領下にある。イギリスとドイツ間の戦争を終わらせるために何かできないか。イギリスの首相チャーチルは自分の友人だ。そしてドイツの最高司令部には恋人のディンクラーゲが通じている。私たちふたりなら平和的解決のためにできることがある。そう考えて行動に移した可能性が高い。

戦争の終結に関与できたならこんなに喜ばしいことはないし、どの観点から見てもシャネルがドイツに祖国を売るという行動をとるとは思えない。

シャネルの「モデル・ハット作戦」、この根底には、自分の力、影響力を世界に見せつけたいという強い自己顕示欲があったのではなかったか。

一九三八年。
第二次世界大戦
勃発前年のシャネル。
マリンストライプのトップに
たくさんのアクセサリー。

CHAPTER

Nº12

退屈より大失敗を選びなさい

十五年後の決断

一九五三年、七十歳。

シャネルはスイスからパリへ戻った。この年、ウェストミンスター公爵が亡くなった。思い出深い南仏の別荘も売り払い、シャネルは、ホテル・リッツの小さな部屋とカンボン通りの店だけを残した。カンボン通りのアトリエで仕事をして、上階のサロンで人と会って、リッツで眠る。これで充分だった。

パリに戻ったシャネルは、かつてのアトリエのスタッフを呼び戻した。あと何年残されているのか。急がなければならなかった。

七十歳を越えて、シャネルはモード界へカムバックしようとしていた。


私は退屈していた。

それに気づくのに十五年かかった。

無よりも失敗を選ぶ。


カムバックの決断は衝動的なものではなかった。入念に準備をしていた。力をくれたのは、一九二四年にシャネル香水会社を設立して以来、その利益をめぐって争ったり、ときに寄り添ったりを繰り返してきた香水会社オーナーのヴェルタイマーだった。カムバックの相談を受けたヴェルタイマーは言った。

「あなたには才能があるのだからやるべきだ」

そして資金援助を申し出た。もちろん、シャネルのカムバックが成功すれば香水の売上が伸びるという計算があった。けれどそれ以上に、友愛があった。シャネルはこの申し出をありがたく受け入れた。

カムバックの半年前にはアメリカ版『ハーパーズ・バザー』誌の編集長に手紙を書いている。

「この夏中、一生をかけたあの仕事に復帰できたらどんなにいいかと考え続けていました。……その日がやって来たように、私は思います。」

友人の女優マレーネ・ディートリッヒはカムバックについてシャネルに尋ねた。

「なんでまた、厄介なことをはじめたの？」

シャネルは答えた。


すごくうんざりしているの、あなたなんかにわからない。

酷評の嵐の中で

一九五四年、七十一歳。

カムバックのコレクションは二月五日という日が選ばれた。「№5」の五はシャネルの好きな数字だった。カンボン通りの店は、伝説の人を一目見ようという人々でごった返した。

結果。コレクションは「失敗」だった。フランスのマスコミはすべてが酷評、「シャネルの時代は終った」、「流行遅れ」、と書いた。

「ジャーナリストたちは深い悲しみを抱いて、そしてバイヤーたちは深刻な不安を抱いて、それぞれ帰って行った。最初のドレスを見ただけで、みんなはシャネルスタイルがもう過ぎ去った時代のものだということがわかった」(『コンバ』紙)

戦後十年という時期だ。黒い疑惑は人々の記憶にまだ生々しく残っていた。フランスの批評が厳しいだろうとは予測していた。しかし、イギリスまでもが酷評した。「失敗」と書くだけならまだしも、「助けるべきウェストミンスター公爵も今は亡し」といった品のないものまであった。シャネルは傷ついた。カペルのイギリス。ウェストミンスター公爵のイギリス。シャネルにとってイギリスはいつも味方だったからだ。

なにはともあれ、成功しか知らなかったシャネルにとって、これは初めての失敗だった。翌日、サロンにお客はひとりも来なかった。シャネルは言った。

これはチャンス。
サロンでなんの気兼ねもなく次のコレクションの仮縫いができるのだから。

表向きは強気だった。

私にはよくわかった。
みんなが時代遅れなのだ。

今にみんなにもわかるときが来る。

香水会社オーナーのヴェルタイマーは、惨憺《さんたん》たる酷評にたじろいだ。コレクションの失敗が、香水の売上に影響するのではないかと心配した。しかし、何も言わず、ただシャネルを応援した。孤独のなかで、ただひたすら仕事を続ける姿に心打たれたのだ。

アメリカから届いた賞賛

風はアメリカから吹いた。

アメリカの『ライフ』誌が、一九五四年三月十五日号で、「シャネル、カムバック」を大々的に報じた。

「着心地が良く、シンプルでエレガント。」

「臆病な顧客にはお気に召さないかもしれないが、大衆が影響を受けるのは明白だ。」

さらにこの『ライフ』誌は、シャネル三度目のコレクションに三ページの特集を組んだ。そこにはこう書かれていた。

「ガブリエル・シャネルがもたらしたのはモード以上のもの、革命である。」

これに続いて、アメリカ版『ヴォーグ』誌と『ハーパーズ・バザー』誌がシャネルの特集を組んだ。

シャネルは微笑んだ。

私は論理的な女だから理にかなった服しか作らない。

ところが現在は面白おかしくグロテスクな服ばかり。

それでは歩けもしなければ、走ることもできない。

アメリカ人は現実主義者だから、私の服を受け入れたのだ。


シャネルが提案したのは、「新しい生活にあった新しいスタイル」だった。

アメリカでは、戦争の間に社会進出を果たした女たちが、戦後も元気だった。彼女たちは職場でも夜のパーティでも着られて、しかもステイタスのある服を求めた。

ステイタスといえば、シャネルはアメリカで有名だった。沈黙の十五年間も、「No.5」はアメリカで売れ続けていた。


多くのアメリカ人にとってフランスとは私のことだった。

シャネルのサクセスストーリーはまさにアメリカンドリーム、アメリカ人好みだった。そのシャネル本人がカムバックする。それだけで充分に感動的だった。そして彼女が発表したスーツはエレガントでシック、アメリカの女たちの要求を満たしていた。

もちろん誰もがオートクチュールを着られたわけではない。ほとんどの人は、そのコピー服を着た。正真正銘のシャネルスーツが欲しい人は、海を渡ってパリのカンボン通りに来る。それがシャネル流だった。

このアメリカの様子に、フランスも動いた。

やがて、フランス版『エル』誌が「一千万人の女性がシャネルに投票した」という見出しで支持を表明した。

『エル』は「活発でエレガント、精神的にも経済的にも自立している」女を標榜していた雑誌だったから、シャネルとぴったり合ったのだ。

こうしてシャネルはモード界に完全にカムバックした。

生きている実感を手に入れる

カムバックのきっかけはディオール。そう言われるが、もしディオールがいなかったとしても、パリ・モードへの怒りがそれほどまでではなかったとしても、シャネルはカムバックしたのではないか、と想像する。

あれだけ「仕事」に生きたひとだ。仕事のない日々は地獄だったろう。なにしろ、何より「退屈」が耐え難いのだから。店を閉めてから急速に老けこんだと言われるが無理もない。生きている手ごたえがない生活のなかでは、いくらシャネルといえども、生きできるはずもない。カムバックしたのは、再び生きるためだった。七十一歳で、あらゆる苦難を引き受けても、再び、生きている実感を手に入れようとした。

イタリアの格言がある。――「遅くなってもやったほうがいい」

シャネルはまさにこの格言通りにしたのだ。「再び生きる」のに年齢は関係ないし、自分が「そうしたい」と思ったならば、それが周囲に求められているか否かは、もはや重要ではない。

自分のために、それをする

それにしても酷評を浴びても持ちこたえた、その力はどこから来るのか、と考えたとき、最初からシャネルが言い続けてきた「私は自分の着たい服を作る」が頭に浮かぶ。

スポーツをするからそれに必要な服を。パーティーに出席するからそれに必要な服を。そして働きたいからそれに必要な服を。ずっとそうやってきた。それなのに今、パリには自分の着たい服がない。だから自分で作る。自分のために、自分が着るために……。

「誰かのため」に何かをすることは必要だし、すべきだ。けれど、結果としてそれが「誰かのため」になったとしても、原動力は「自分のために、それをする」でなければならない。それがほんとうのところだし、それがあれば、マイナスのことが起きたときにも、ちょっとやそっとのことでは倒れない。

リップスティック

赤い口紅は、シャネルのトレードマークだった。

シャネルは言っている。

「目が魂を映し出す鏡なら、唇は心の代弁者」

自分が着るシャネルスーツ、晩年にはベージュを好んだが、ベージュは自然の色だから好き、という理由以外にも、赤い口紅が引き立つからという理由があった。

「赤は血の色で体内にたっぷりあるから、ちょっぴり外に見せるだけでいい」

一九二四年、四十一歳のときに発売された最初の口紅は、ひとつの「C」マークが入った小さなアイボリーのケースに入れられていた。五年後には黒い大きめのがっしりとしたケース、さらに五年後には、先が細くなっている弾丸の形をした金属製カートリッジのデザインになった。

これは外出先でも簡単に塗り直しができるようにという、実用を重視したシャネルのアイデアであり、改良を加えて現在のリップスティックとなった。

ショルダーバッグ

一九五五年、カムバック後にショルダーバッグが発売された。キルティングとチェーンベルトのバッグはシャネルスーツと並んでいまやシャネルモードの代名詞でもある。

この原型となるものを以前からシャネルは愛用していた。両手が自由になるのが実用的で気に入っていた。

ショルダーバッグの内側にはリップスティックやコンパクトを入れるポケットがあり機能性に富んでいる。

バイカラーの靴

晩年に発表したベージュと黒のバイカラーの靴も活動的な女性たちを喜ばせた。傷つきやすい爪先が黒色というのが実用的だったし、足を小さく見せる効果もあった。

CHAPTER

Nº13

嫌悪の精神を持ちなさい

私はスタイルを作りだした

アメリカは、シャネルを支持する際、ディオールのニュールックに対して、「シャネルルック」という言葉を使った。シャネルはこれをはねのけた。シャネルルック？　とんでもない。

モードではなく、私はスタイルを作りだしたのだ。

「モードは変わるが、スタイルは不変」というのがシャネルの信条だった。

一九五九年、初めて、テレビインタビューに応じた。

「街はあなたの服であふれていますね」と、インタビュアーが切り出す。

フランスにスタイルをもたらすことが私の長年の夢だった。
スタイルとは街を歩く人々が作り上げてゆくもの。
夢は叶ったと思う。

シャネルスーツを着て、激しい身振り手振りで、怒っているように喋る。
また、「ミニスカートは？」という質問に対しては吐き捨てるように言う。

大嫌い。
なぜあんなのをはくのかわからない。
あんなものを好む男性の気持ちもわからない。
膝を出す女は下品。
あからさまに見せる服は魅力的ではない。

一九六〇年代はミニスカートが流行した。けれどシャネルは決してスカート丈を上げようとしなかった。

膝は関節。見せるものではない。

誰もが十五歳ではない。残念だし、そしていいことだ。
四十歳から女は本当の女になり、ようやく着方がわかってくるのだから。
私は恥じらいを持ったエレガンスを本当の女たちのために、戦い、守る。

確かに、誰もがミニスカートが好きなわけでもないし、そして、似合うわけでもない。以前は時代の先端を走り、次々と新しいものを発表し続けた革新派のシャネルが、今や、保守派の代表となったのだ。

私はシャネルスーツを二着持っている。
この二着で私はいつもちゃんとした格好をしていられる。
これがシャネルというものだ。

厳しすぎるマドモアゼル

シャネルはモデルの使い方がうまかった。プロのモデルではなく、上流階級の令嬢たちを使った。彼女たちは私生活でもシャネルの服を着た。階級社会が残るフランスではその効果は絶大だった。

そのモデルがジーンズをはいて来ようものなら、烈火のごとく叱りつけた。夢を売るのが仕事なのになんという格好をしているのだ、と。

アトリエのスタッフたちにも厳しかった。気に入らなければ何度でもやり直しをさせた。その態度は容赦がなかった。何人ものお針子たちが泣いた。

加齢とともに、横暴なまでの自己中心主義はますます強まり、モデルやスタッフの反感を買ったが、それは承知の上だった。

それでもとにかく、私が二倍も働いたから、すべてうまくいっていた。
私は自分にこう言い聞かせていた。
「彼らがあれこれ悩んでいても、それは仕方がない。
お前はそんなことよりもコレクションを仕上げなければならない。
決して怒りに負けてはいけない。お前には辛抱できる」と。
私は女王蜂なのだ。
これは私の運勢でもある。
獅子と太陽。これが私の星だ。
この星を持つ女は、忠実で、勇敢で、働き者だ。
そう簡単に打ちひしがれたりしない。これが私の性格だ。
私は獅子座の星の下に生まれた女王蜂だ。

女優たちも歩く広告塔となった。以前からのマレーネ・ディートリッヒはもちろん、ジャンヌ・モロー、ロミー・シュナイダー、カトリーヌ・ドヌーヴ、エリザベス・テイラーなどがシャネルの顧客となった。

さまざまな映画の衣装も手がけた。たとえば『恋人たち』（一九五八年）で、ジャンヌ・モローが着た服はすべてシャネルだった。

シャネルスタイルはもはや世界に浸透していたが、季節ごとのコレクションが、つねに注目の的となるわけではなかった。引退を考えることもあった。しかし、働き続けた。

人がなんと言おうと平気。
コレクションが終わったときは、自分が全力をつくしたことで、私は満足だから。

「しろうと」デザイナーの武器

今まで見てきてわかるように、シャネルは他のデザイナーのように、ファッションについて「勉強」したこともなければ、誰かのもとで「修行」したこともなかった。

誰も私に何ひとつ教えてくれなかった。
私はすべてを自分ひとりで覚えた。

そして、成功した。なぜ革命的と言われたのか自問するときもあった。答えは次の通り。

私は確かな「嫌悪の精神」を持っている。

私はなにより、嫌いなものを作らない。

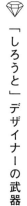

そのために才能を使って、嫌いなものを一掃した。それが成功に結びついた。デッサンも描けないし、縫うこともできないし、カットもしない。ただ、「知っていた」。何が必要か、何を生み出すべきか、知っていた。また、独自の「エレガンス」を持っていた。だからエレガントな服が欲しかった。繰り返し、言う。

私は自分が着たい服を着ただけ。
私はいつだって自分が着たいと思うもの以外、作らない。

シャネルのいるアトリエは、つねに緊張して「ぴりぴり」と音が聞こえるようだった。いつものシャネルスーツを着て、帽子をまっすぐに深くかぶり、首からハサミをさげたシャネルがぶつぶつと呟き、ときに激しい言葉が飛び出す。いつもの言葉、シャネルの信条だ。

つねに除去すること。
つけ足しは絶対にいけない。

表以上に裏が大切。
本当の贅沢は裏にある。

スタッフが死ぬほど疲労していてもシャネルは平気だった。何時間でも、床にはいつくばって裾をチェックした。

晩年、仕事中のシャネル。なにかにとりつかれたかのような仕事ぶりだった。

正しいと思ったことは主張し続ける

世間が自分と逆方向に進んでいたとしても、自分の主張がまったく受け入れられなくても、それが自分にとっての真実ならば、守り続ける。主張し続ける。シャネルは主張を曲げなかった。うるさいほどに主張し続けた。街がミニスカートであふれても、膝を隠し続けた。

もちろんそれをすれば、すべてうまくいくわけではない。主張が通るというわけではない。けれど、世間に、周囲に、世のなかに「安易に迎合しない」というその姿勢こそが、まさにシャネルスタイルだった。

自分自身のスタイルを持つ

かつてシャネルは、「モードは死ななければいけない。それもできるだけ早く。そうでなければビジネスにならない」と言ったが、一方で、「永遠のスタイル」を作り上げた。それはシャネルスーツに象徴されるが、ひとことで言えば「エレガンス」だろう。

シャネルの場合、その長い創作活動（最初の愛人バルサンの時代から）を通じてつねに「エレガンス」があった。

シャネルのエレガンスのキーワードは「シンプル」であり、対極に位置する言葉は「下品」だった。

シャネルスーツ

それはフランスとイギリスのマスコミが「失敗」と断定したカムバック・コレクションのなかにあった。

ブルーマリンのジャージーのスーツ、白いブラウスの襟元にはサテンの黒いリボン、上着の袖にはブラウスの生地と同じカフスが別仕立てでつけられ、胸元に白いカメリア。巻きスカートの両側に隠しポケット。ヘアースタイルは後ろでまとめられてリボンが飾られている。

これがアメリカで受け入れられ、熱狂的な流行となる。

シャネルは敏感に反応し、このアイテムに力を注ぎ、死ぬまでずっと、このスーツを変革してゆく。

一九五四年。カムバック・コレクションに登場したブルー・マリンのシャネルスーツ。

CHAPTER

N°14 愛されなさい

激しい孤独感

カムバックしてから亡くなるまでの十七年間、シャネルはがむしゃらに働いた。働いて働いて、そして働いた。

存分な成功を手にしていた。けれどつねに満たされなかった。心に空洞があった。それは孤独という名の空洞だった。「夕暮れどきの陰鬱な気分」に悩まされていた。カンボン通りの人通りが絶えると、ふっと気力を失って自分が消滅してしまうような気分になった。年齢を重ねるごとに、夕暮れどきだけではなく「夜」がそれに加わった。死への恐怖からか、夜眠る時間を恐がるようになり、可愛がっていたスタッフやメイドがそばにいないと眠れなかった。相変わらず眠るための注射はしていたが、それが効きはじめるまでは、誰かがそばにいないと駄目だった。
そして、働けず、ひとりになることが多い日曜と休日が嫌いだった。

一九六〇年、七十七歳。
この年、詩人のルヴェルディが亡くなった。離れ離れになってからも交流は続き、たまに会うこともあったし、愛ある手紙や詩を送り続けてくれた男だった。シャネルはがっくりと肩を落としながらも言った。

でも彼は死んでいない。詩人は私たちとは違う。彼らはまったく死なないのだ。

思えば、つねに一流の男たちに取り巻かれていた人生だった。もう若くない、老いた、と言いつつも、心がそれについてゆかなかった。
「ひとり」に慣れることは、永遠に、できなかった。

恋愛相談から浮き出る恋愛観

晩年のシャネルは女たちの恋愛相談にのるのが好きだった。彼女にアドバイスしてもらいたくて女たちが次から次へと訪れた。シャネルはいつも親身になって考え、アドバイスした。そのかわり、相手がその通りにしないと激しく苛ついた。

たとえば、離婚したいけれど経済力がないため、それを諦めている女に苛立った。

さっさと人生を変えてしまえばいいのに、なぜくよくよしているだけなのか。

たとえば、夫からの愛情が感じられないと嘆く女に苛立った。「二人でいるのに気持ちが離れている暮らし」はシャネルからしてみれば「最悪の状況」だった。

うわべだけの関係というものが、何より嫌いだったから、結婚してもうまくいっていないカップルを批判した。

一緒にいる人とうまくいかないことほど惨めなものはない。

女優のロミー・シュナイダーにもなにかと助言していた。映画監督のルキノ・ヴィスコンティの紹介で、初めて店に来たとき、ロミーはまったく冴えない女だった。それがシャネルのアドバイスで、みるみるうちに洗練されてパリジェンヌになった。

当時、ロミーはアラン・ドロンと恋愛中で、シャネルは彼女から話を聞き出しては、男を引き止めるテクニックなどを教えた。しかしロミーが「最近、ほったらかしにされているみたいなの」と言い出したとたん、別れることを勧めた。

愛の物語が幕を閉じたときは、そっと爪先立って抜け出すこと。
相手の男の重荷になるべきではない。

家で夫を待つだけの女にはなるな、とも言った。職業を持つか、職業でなくても、とにかく何かして行動していなければならない。とにかく退屈な女は始末におえない。

晩年のテレビインタビューでは、情熱的に語った。

女は男に愛されてこそ幸せなのだ。
男に愛されない女など何の価値もない。
老若にかかわらず、女の幸せは愛されることであり、愛されなければ、終わり。

大嫌いな日曜日、最後の日曜日

一九七一年一月十日。

その日は日曜日だった。働くことのできない大嫌いな日曜日だった。孤独に過ごさないために、いつも誰かを誘っていたが、その日の相手はクロード・ドレイだった。心理学者で作家のドレイとは親子ほど年齢が離れているが、十年来の友人だった。

いつものように化粧をした。厚化粧だと言われていることは承知していた。けれどシャネルには化粧に関しても信条があった。

化粧は、他の人のためにするのではなく、自分のため。

足にもクリームを擦り込み、ふんだんに香水をつけ、メイドのセリーヌを呼んで着替えをした。ドレイとシャネルはリッツのレストランへ出かけ、目立たない席で昼食をとった。

シャネルは塩気の少ないハムとリンゴ添えの牛肉、メロンを食べた。飲み物はいつものドイツワイン、リスリング。珈琲を飲み終えると、二人は運転手つきのキャデラックでブローニュの森にある競馬場に出かけた。現代美術館の前を通ったとき、シャネルはサルバドール・ダリの名を懐かしそうに口にした。

帰り道、夕陽が辺りを染めていた。夕陽は大嫌い、サングラスを持ってくればよかった、とつぶやいた。リッツに到着するころにはすっかり日は暮れていた。

リッツの正面玄関でシャネルは言った。

「明日は一緒に昼食はとれないわ。会いたかったらカンボン通りにいらっしゃい。仕事をしているから」

ドレイがシャネルから聞いた最後の言葉だった。

リッツの部屋に戻り、ベッドに横になった。不快感に襲われて、あわてていつもの注射をしようとしたが手が震えてアンプルを割ることができなかった。メイドのセリーヌが注射をした。

「ほら……、こんなふうにして人は死ぬのよ」

これが最後の言葉となった。シャネルは死んだ。八十七歳だった。眠るためだけの、じつにシンプルなリッツの部屋で、日曜日に。

クローゼットにはスーツが二着かかっているだけだった。それはシャネルが信頼していたお針子のマノンが縫った、白地とベージュ地にそれぞれ紺の縁取りをした、シャネルスーツだった。

五頭の獅子に守られて

葬儀は一月十三日、パリのマドレーヌ寺院で行われた。

多くの著名人、多くの顧客が集まった。モデルたちは最新のシャネルスーツに身を包んで最前列に並んだ。山のような花束が続々と届いた。種類こそ様々だったが白一色が多いなかで、ひときわ目立った花束があった。真紅の椿と薔薇の花束。それはシャネルに出逢ったことで映画界への道を歩み、ずっとシャネルを慕い続けた映画監督ヴィスコンティからだった。

司祭は「ガブリエル」、「マドモアゼル」という呼びかけはしたが、一度も「ココ」とは呼ばなかった。

ミサが終わり、柩《ひつぎ》はスイスのローザンヌへ向かった。シャネルは「あそこだけが安全だから」とフランスではなくスイスに墓地を用意していた。それは大きな墓で、五つの獅子の顔が刻まれていた。シャネルは八月生まれ、獅子座の女。五は大好きな数字。「№5」、そしてカムバックした日にち。

気鋭のジャーナリスト、フランソワーズ・ジルーは『レクスプレス』誌に追悼記事を書いた。シャネルは最後の最後まで「沈みゆく船の船橋《せんきょう》に立つ船長のように雄雄《おお》しくまっすぐに」立っていた、と。そして、シャネルが作り上げたものは「単なるモードではなくスタイルだった」と。

それは生半可な姿勢では到底、成しとげられるものではなかった。

仕事のためには、すべてを犠牲にした。
恋でさえ犠牲にした。
仕事は私の命を、むさぼり食った。

シャネルの葬儀。
最前列にはシャネルの
モデルたちが並んだ。
全員がシャネルスーツ。
その後ろの列は、
カンボン通りの店の
チームメンバー。

愛するより、愛されること

「愛する」ことが喜びである人と、「愛される」ことが喜びである人とがいる。シャネルは後者だった。テレビインタビューで、「愛される、愛される」（「愛する」ではなく）という言葉を連発している姿に、なるほど、と納得した。「愛する」ことに喜びを見出す人は、男に、恋愛に溺れる傾向があり、「愛される」タイプは、恋愛はするけれども、それに溺れない。

シャネルは恋愛をしたけれども、溺れたことはなかった。男に、恋愛に溺れている状態で、超人的な仕事量をこなすのは不可能だ。

恋多き女だった。つねに一流の男たちに囲まれていた。けれど、溺れたことはなかった。もちろん、去ってゆく男に追いすがったことも、なかった。良い悪いの問題ではない。恋に溺れない。これは仕事で成功するために、必要な資質なのだ。

うわべだけの関係なら、すぐにやめること

うまくいかないのに形だけ一緒にいる男女をシャネルが激しく攻撃したのは、そこに「嘘」や「偽善」、「自尊心のない人生」を見たからだ。愛がないのに、一緒にいることが「できる」人たちが、おそらく信じられなかった。

生涯を通して結婚に乗り気ではなかったのは、このあたりと関係が深いのかもしれない。「熱情はいずれは冷める。ではその後、どうするのか。自分を偽ることはできない。自尊心がそれを許さない」といった声を、私はシャネルの生き方を通して、聞く。

不器用なまでに、真面目なひとだった。

EPILOGUE

終章　かけがえのない人間であるために

シャネルの死から十六日後、予定通りにカンボン通りで、マドモアゼルはもういないけれど、マドモアゼルの手による最後のコレクションが開かれた。遺作を見ようと著名人、女優、ジャーナリストが駆けつけた。鏡と階段が有名な店内は、人々の熱気でむせかえるようだった。

やがて、シャネルのお気に入りのモデルたちが、エレガントな装いであらわれた。次々とあらわれる、さまざまなシャネルスーツ……。

それらを目の当たりにした人々は、しみじみと感じないわけにはいかなかった。そこには、たしかに、「シャネルスタイル」があった。

ガブリエル・シャネルは死んだが、シャネルスタイルは、みごとに残った。それを人々は、認めないわけにはいかなかった。

次々とあらわれる、さまざまなシャネルスーツ……。その様子を、瞼を閉じて想像してみた。そのとき、あ、と胸をついた想念があった。

シャネルスーツは、シャネルにとっての、マドモアゼルにとっての、ウエディングドレスではないか。仕事と結婚した女の、ウエディングドレス。

「仕事と結婚した」なんて表現すると、なにか陳腐で余韻がなく嫌なのだが、わかりやすく言えばそういうことだ。私は、自分の思いこみに過ぎないかもしれないこの発見に、ひとり胸をつかれ、シャネルそのひとを抱きしめたいと思った。

これは最初から意図していたことではない。ほんとうに思いがけない展開だった。シャネルスーツにウエディングドレスが重なるとは。

晩年のシャネルの近くにいた人で、シャネルのことをよく言う人はほとんどいない。魅力はあったがわがままな老女。エネルギッシュだったが孤独な老女……。

そう、シャネルについては、その晩年はとくに、「名声は手に入れたが孤独で、哀れだった」という見方がほとんどだ。

孤独ばかりがクローズアップされて、それに寄り添うように、「結婚していないから」「子どもがいないから」「成功しすぎたから」といった勝手な理由付けが続く。

結婚をしていても、子どもがいても、成功していなくっても、孤独に老いている人はたくさんいる。そこは指摘されない。ただ、「シャネルは大成功したが、淋しい女だった」としたいのだ。

晩年のテレビインタビューで「女の幸せは愛されることであり、愛されなければ、終わり」と、怒ったように言い切ったシャネル。長い間、たくさんの男たちに、それも一流の男たちに、愛されてきた。けれど、結婚はしなかった。

序章で、「シャネルはなぜウエディングドレスを拒んだのか」という問いをいだきながら、彼女の人生を見てゆくと、その答えがひとつではないことがわかる、と述べた。

それぞれの答え。何度かチャンスがあったがしなかった。何度かしようと思ったが悲劇があり、できなかった。

そう、それぞれの理由がある。たくさんの理由がある。それでも、やはりどこかで、一貫して、結婚そのものを、シャネル自身が拒んできたのだと、私は思う。

シャネルは、いわゆる「人並みの幸せ」という「規格品」からは大きく逸脱したひとだった。スケールが違った。もうそれはどうしようもないことだった。

ならば、仕事をしろ。結婚に幸せを求めないのであれば、仕事に幸せを求めろ。

シャネルは、これをじつに、じつに真面目に実行した。仕事に生きることの厳しさを、最後まで真面目に仕事と向き合うことによって、後世に示した。

そうだ。

「人並みの幸せ」という「規格品」を拒んだ女が「人並みの幸せ」の象徴である純白のウエディングドレスで、コレクションのフィナーレを飾ることを拒んだのは当然だった。

生き方そのものを、不滅のシャネルスタイルとして、二十世紀に大きな刻印を残したガブリエル・シャネル。

彼女には強い信条があった。

かけがえのない人間であるためには、人と違っていなければならない。

シャネルは生涯を通して、かけがえのない人間でありたい、と願い続けたひとだった。つねに「他の人と自分を区別する」ことを意識し続けたひとだった。そして、その情熱を失うことなく、苛酷な人生を、感動的なまでに逞《たくま》しく、生き抜いたのだ。

あとがき

私の書斎にはシャネル関連の本がおよそ二十冊ある。

歴史に名を残した、あるいは残しつつあるファッションデザイナーのなかで、もっとも多くの本が出されているのはシャネルだろう。

もうすでにシャネルの本はある。なのにどうしてあなたがそれを書く必要があるのか。実際に問われたこともあるし、何度も自問したことだ。


これは恋愛とよく似ている。

あるひとをとても好きになったとする。そのひとには多くの恋愛遍歴があり、そのひとの背後には過去の恋人たちの面影がずらりと連なっている。だからといって私はそのひとを愛するのをやめるだろうか。やめない。私は私のやり方でそのひとを愛する、愛せるはずだ、愛したい、と思う。

シャネルについても、さまざまな人がさまざまな愛し方をしてきた。さまざまな視点で書いてきた。

シャネルというブランドに焦点を当てたもの、小説ふうなもの、シャネルの嘘を暴こうとするもの、シャネルを追いながら時代を論じようというもの、ファッションアイテムからシャネルというひとを知ろうとするもの、シャネル本人とのエピソードを語るもの……。さまざまな切り口や試みがあり、それぞれが興味深い。

けれど、いずれも、もともとシャネルというひとに興味があるか、あるいは専門的な目的をもつ人用の本だと私には思えた。


私はファッション業界の人であるとか歴史研究とか、そういう目的をもたない、ただ、人生の指針を求める人に向けての本を書きたかった。

シャネルの人生を簡潔にたどりつつ、そこから現代に生きる人たちへのメッセージをすくいとる、そういう本だ。

私は私のやり方で書く。だって、私がいなくなれば永遠に私のシャネル本は生まれない。書く必要がある、ないの問題ではない。私は書きたかったのだ。

この想いをしっかりと受けとめてくれたのが新人物往来社の岡田晴生《おかだはるお》さんだった。私がシャネルの本の話をしたとき、彼の口から最初に出た言葉は「山口さんの書いたシャネル、絶対読みたいです」だった。とても心強かったし、とても嬉しかった。心から感謝を申し上げたい。

書きながら何度も「こんなふうに書いたらシャネルは怒るかな」と思った。なにしろ何人もの作家に自分の伝記を書くよう依頼しながら、どれも気に入らず、出版させなかったひとだ。

私は何度も心でつぶやいた。「あなたほどの人物は、芸術作品と同じ扱いを受ける運命なのです。諦めてください」。

芸術作品は、絵画でも彫刻でも音楽でも文学でも、それが創作者の手を離れ世に出た瞬間から鑑賞者のものとなる。つまり、その作品から何を感じとるかは、鑑賞者にゆだねられる、そういうものだと私は考えている。

シャネルという生き方。

好き嫌いが分かれると思う。たとえば、「もし、いまからそれが可能だとして、シャネルのような生き方をしたいですか?」と問われたなら、何と答えるか。

私の答えは、人生のシーズンによって揺れる。十五年前は「ウイ」、十年前は「ノン」、五年前は「ウイ」、いまは「ノン」だ。

答えは変わっても、それでも私がずっとシャネルから離れないでいるのは、そして、これからも疎遠になることはあっても完全に離れないだろうと思うのは、やはり、シャネルという生き方に、一本すうっと筋の通った美しさがあるからだ。

そういう意味において、私の仕事場にあるシャネルの写真、シワの刻まれた厳しい横顔を見るたびに、きれいだね、と言っていた十歳の娘、夢子に本書を捧げます。

二〇〇九年　初夏の軽井沢にて

再生版あとがき

「ココ・シャネルという生き方」が出版されたのは二〇〇九年の八月でした。
以後、続くことになる「生き方シリーズ」のはじまりの本です。
いまこのあとがきを書くにあたって、あらためて当時を振り返ってみれば、出版実現までの道のりがひどく困難だったことが鮮明に思い出されます。

これだけココ・シャネルというひとが知られている現在では想像するのも難しいけれど、当時は「シャネル」と言ったときに男性デザイナーを思い浮かべる人や、ひとりの女性の名前ではなく単なるブランド名だと思っている人がけっして少なくはなかったのです。

ですから出版社に企画をもちかけても「誰も知らないから売れない」という理由で断られ続けていました。

新人物往来社（当時。現在はＫＡＤＯＫＡＷＡ）の岡田晴生さんだけが違っていました。

彼は、こんなことを書いていいのかわからないけれど、周囲の反対を押し切って、企画を通してくれました。あのときの彼の情熱はすごかった。とても感動したことをよく覚えています。彼の大きなリスク覚悟での決断がなければ、すべては生まれていなかったのです。いま、あらためて感謝の気持ちを伝えたいです。

彼のおかげでようやく「ココ・シャネルという生き方」が出版されたら、周囲の予想に反してたちまち重版となり、以後も版を重ね続けました。

出版ののち、シャネルをテーマにした映画の公開もあり、シャネルというひとりの女性の存在、生き方が多くの人に知られて、テレビ番組やウエブ、雑誌、さまざまなところでシャネルが扱われることが増え、シャネルをテーマにした本も続々と出版されている現在の状況は、当時の出版困難な状況を思い起こせば感慨深く、とても嬉しいことです。

私が「ココ・シャネルという生き方」を書くにあたって参考にした本は二十冊くらいありますが、あれから十年以上が経つなかで、「新事実」を盛りこんだ本が数多く出版されました。

ですから、再生版を出すにあたり、大幅に手を入れました。序章を書き直し、事実関係を見直し、多くの部分を差し替えました。

二〇一七年に「ココ・シャネルの言葉」（大和書房）を出したときにもつよく感じたことですが、そして序章でもふれましたが、著者である私自身、心身が弱りきっているときにシャネルはきつい。ちょっと遠慮したい人、遠くにいてほしい人になります。それでもどうにも抗いがたい魅力があるから、シャネルからは完全に離れることは不可能。じっさい、いままでにいったい幾度シャネルの言葉や、彼女の人生のさまざまなシーズン、そのときどきの決断を想って、背筋をぴんと正したことか。

私自身の人生状況によって、響く言葉は異なります。

「私は人を判断するのに、お金の使い方で見分けることにしている」、これに強くうなずくときもあるし、「私はこれから起こることのそばにいる人間でいたい」、これに背を押されることもあります。

コロナ禍で、見えない暗雲が重く世の中を覆うムードに意気消沈しそうなときは、「人は非常事態のなかで才能を表すものだ」、というシャネルの声が頻繁に聞こえてきます。

「私は確かな嫌悪の精神を持っている」、これはもうすでに私の中心近くに存在しています。

人生の大きな、あるいは小さな岐路に立ったとき、私は何が好きなのか、ではなく、私は何が嫌いなのか、を重視するというスタイルです。

「嫌い」に焦点を当てると、驚くほどに、すべきこと、したいこと、進みたい道がはっきり見えてきます。

このあとがきを書いているいま、私のなかに響いているのはシャネル晩年の言葉です。

「人が何を残せるのかといえば、人生のなかで何を考え、何を愛してきたかということだけ」

本書は、ひとり出版社「ブルーモーメント」からの三冊目の生き方シリーズ再生版となります。娘でありブルーモーメント代表であり編集者でもある夢子から「タイトルはシャネル哲学にしたい」と告げられたとき私は、大賛成、と言いました。しっくりきて驚くほどでした。

デザイナーは荻原佐織《おぎわらさおり》さん。オードリー、マリリンに続いて今回も美しい本に仕上げてくださいました。ご自身でシャネルのデザインをリサーチし、イメージを創り上げ、さまざまな提案をしてくださる。夢子が佐織さんとの打ち合わせから帰宅したときの様子、佐織さんからこんなデザインの提案があった、紙の種類はね……と弾けるように私に報告するその様子から、いい仕事をしているな、いい時間を過ごしているな、といつも嬉しくなります。いま現在の精一杯で最高に良質のものを創りたいという情熱。

ひとりでも多くの人に、美しく再生したシャネルが届きますように。

二〇二一年二月五日　シャネルの香水が香る青い部屋で　山口路子

主な参考文献

新しく読みこんだ本のなかで、もっとも私の胸に響いたのが
2014年に出版された評伝「シャネル、革命の秘密」です。
綿密なリサーチをもとにシャネルの内面にせまっていて、
その視線が客観性を保ちながらもあたたかい。

また、私がシャネルにのめりこむきっかけになった
「シャネル　20世紀のスタイル」も、もう何度も読んだ本なのに、
またじっくりと読みました。
1990年に出版された本で、情報も限られていたでしょう。
それなのに、くっきりとシャネルスタイルがあります。
著者の声が聞こえてきます。

「シャネル　20世紀のスタイル」
秦早穂子 著　文化出版局　1990年

「シャネル、革命の秘密」
リサ・チェイニー 著　中野香織 監訳　ディスカヴァー・トゥエンティワン　2014年

「誰も知らなかったココ・シャネル」
ハル・ヴォーン 著　赤根洋子 訳　文藝春秋　2012年

「ココ・シャネル　伝説の軌跡」
ジャスティン・ピカディ 著　栗原百代・高橋美江 訳　2012年　マーブルトロン

「獅子座の女　シャネル」
ポール・モラン 著　秦早穂子 訳　文化出版局　1977年

「シャネル　ザ・ファッション」
シャルル・ルー 著　榊原晃三 訳　新潮社　1980年

「ココ・シャネルの秘密」
マルセル・ヘードリッヒ 著　山中啓子 訳　ハヤカワ文庫　1995年

「ココ・シャネル」
クロード・ドレ 著　上田美樹 訳　株式会社サンリオ　1989年

「シャネルの真実」
山口昌子 著　新潮文庫　2008年

「シャネル――最強ブランドの秘密」
山田登世子 著　朝日新書　2008年

「ココ・シャネルの星座」
海野弘 著　中公文庫　1992年

「シャネルに恋して」
マリア・ケント 著　伊藤啓子 訳　文化出版局　1986年

「カンボン通りのシャネル」
リルー・マルカン 著　村上香住子 訳　マガジンハウス　1991年

「シャネル」
ジャン・レマリー 著　三宅真理 訳　美術出版社　1990年

「シャネル」
フランソワ・ボド 著　二宮恭子・柴崎裕代 訳　光琳社出版　1996年

「スタイル・スタイルと人生」
ジャネット・ウォラク 著　中野香織訳　文化出版局　2002年

ココ・シャネル略年表

西暦	齢	事項
1883年		八月十九日、フランスのソーミュールに誕生。
1894年	11歳	オーバージーヌの孤児院に預けられる。
1901年	18歳	ムーランの寄宿学校に送られる。カフェ・コンセールで歌手となる。
1905年	22歳	エチエンヌ・バルサンとロワイヤリュで生活を始める。
1909年	26歳	パリのマルゼルブ大通りに帽子店を開く。アーサー・カペルと出逢う。
1910年	27歳	パリのカンボン通り21番地に帽子店「シャネル・モード」を開店。
1913年	30歳	リゾート地ドーヴィルにブティックを開業。
1914年	31歳	第一次世界大戦勃発。
1915年	32歳	リゾート地ビアリッツに出店。
1916年	33歳	「ハーパーズ・バザー」誌がジャージー素材のドレスを紹介。
1917年	34歳	髪をショート・スタイルにする。
1918年	35歳	第一次世界大戦終結
1919年	36歳	パリのカンボン通り31番地、現在のシャネル本店がある地に店を移す。 アーサー・カペルが自動車事故で亡くなる。
1920年	37歳	ミシア・セール夫妻とイタリア旅行。 このころからディアギレフのロシア・バレエなど芸術家への支援を始める。 ストラヴィンスキーと親密になる。ピエール・ルヴェルディと出逢う。
1921年	38歳	「No.5」発表。ディミトリ大公と親密になる。
1924年	41歳	ヴェルタイマーとともに「シャネル香水会社」を設立。
1925年	42歳	パリ万国博覧会（アール・デコ展）に出品。ウェストミンスター公爵と親密になる。
1926年	43歳	「ヴォーグ」誌が「リトルブラックドレス」を紹介。

1928年	45歳	カンボン通り31番地の店を改装、室内装飾を自ら行う。
1929年	46歳	ディアギレフが亡くなる。
1931年	48歳	ハリウッドで映画衣装を手がける。
1932年	49歳	ダイヤモンドの宝飾展を開く。ポール・イリブと親密になる。
1934年	51歳	フォーブール・サントノレの自宅からホテル・リッツに転居。
1935年	52歳	南仏でヴァカンス中にポール・イリブが亡くなる。 事業は絶頂期　従業員が4千人をこえる。
1936年	53歳	いたるところでストライキが起き、シャネル店にも波及する。
1939年	56歳	第二次世界大戦勃発。アクセサリーと香水部門を除いて店を閉める。
1940年	57歳	ホテル・リッツのスイートからコンパクトな部屋に移る。
1942年	59歳	ディミトリ大公が亡くなる。
1945年	62歳	第二次世界大戦終結。スイスに移住。
1947年	64歳	アメリカへ旅行、大歓迎を受ける。
1950年	67歳	ミシア・セールが亡くなる。
1952年	69歳	マリリン・モンローの「夜寝るときはシャネルのNo.5」発言。
1953年	70歳	パリに戻る。ウェストミンスター公爵が亡くなる。
1954年	71歳	カムバック。二月五日にカムバック・コレクションを開く。
1955年	72歳	ショルダーバッグ「シャネル2.55」発表。
1959年	76歳	はじめてテレビ・インタビューに応じる。 アメリカ・NY近代美術館に「No.5」の瓶が展示される。
1960年	77歳	ピエール・ルヴェルディが亡くなる。
1971年		一月十日、ホテル・リッツで亡くなる。八十七歳。 十三日、マドレーヌ寺院で葬儀。

それでも
あなたは美しい

オードリー・ヘップバーン
という生き方　再生版

「オードリーの人生は、はっきりと、美しい。本人がどんなに、そんなことない、と謙遜しようとも、美しい。とくに人生の終盤は、胸うたれないではいられない。」(序章より)
容姿にコンプレックスのある人、自分に自信がもてない人、愛に失望している人、それでも人生を諦めたくない人……、そして真の美しさを知りたいすべての人に贈る、あたたかな色彩にいろどられた一冊。

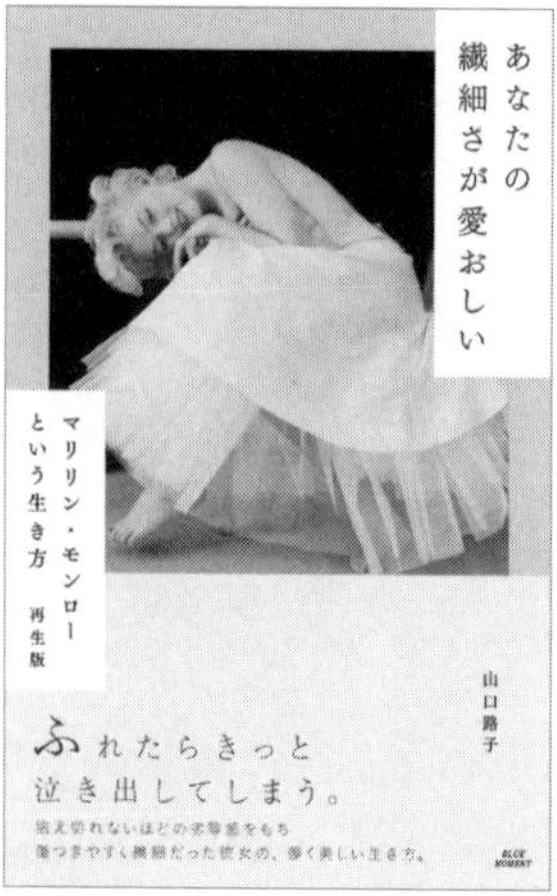

あなたの
繊細さが愛おしい

マリリン・モンロー
という生き方　再生版

五百年に一人、と言われる奇跡の女優。三十六年という短い人生。その最期はミステリアスで悲劇的でしたが、彼女はまちがいなく「大成功した女優」であり「超魅力的なセックスシンボル」であり続けています。けれど彼女は劣等感のかたまりで、とてもとても繊細な人でした。そんな彼女が、すばらしい人間になるために、どんなことを考え、どんなことをしてきたのか。そんなマリリンの生き方が本書には描かれています。

特別な存在になりなさい

ジャクリーン・ケネディという生き方　再生版

──不変なものなど何もない。だから頼れるのは自分自身だけ。これがつらい思いをして私が学んだことよ。時代のアイコンとして世界を魅了した史上もっとも有名なファースト・レディ、ジャクリーン・ケネディ。夫の暗殺、大富豪との再婚、マリリン・モンローやマリア・カラスとの女の戦い、マイケル・ジャクソンの自伝の出版など、「編集者」としての活動…。生涯を通してマスコミに追われ続け、聖母にされ、悪女にされ、誹謗中傷を浴びたが、つねに周囲の声ではなく自分自身を信じた。過酷な境遇を「強《したた》か」に生き抜いたジャクリーンの人生を、共感をもって描き出す、自尊心という名の小さな炎が心にともる一冊。

ブルーモーメント
代表 Instagram

ブルーモーメント
公式 Instagram

ブルーモーメント
公式ショップ

本書は2009年8月にKADOKAWA/新人物文庫から刊行された
『ココ・シャネルという生き方』を改題・改稿したものです。

シャネル哲学
ココ・シャネルという生き方　再生版

2021年 3月23日　第1刷発行
2024年10月　　　第8刷発行

著者　山口路子
©2024 Michiko Yamaguchi Printed in Japan
発行者　竹井夢子（Yumeko Takei）
発行所　ブルーモーメント
〒150-0002
東京都渋谷区渋谷2-19-15-609
電話　03-6822-6827
FAX　03-6822-6827
MAIL　bluemoment.books@gmail.com
印刷・製本　シナノ書籍印刷株式会社
装丁・DTP　荻原佐織（Saori Ogiwara）[PASSAGE]
表紙写真　GettyImages
表紙イラスト　河井いづみ（Izumi Kawai）
本文写真　GRANGER.COM、Ullstein bild、Shutterstock、Everett Collection、
AP、ALBUM/AFLO　GettyImages

落丁・乱丁はお取り替えいたします。
ISBN 978-4-910426-02-0